李义奇 / 译著

以利为本

孙子兵法与制胜之道

社会科学文献出版社
SOCIAL SCIENCES ACADEMIC PRESS (CHINA)

目 录

前　言 ... I

计　篇 ... 001

作战篇 ... 025

谋攻篇 ... 045

形　篇 ... 069

势　篇 ... 087

虚实篇 ... 113

军争篇 ... 139

九变篇 ... 161

行军篇 ... 181

地形篇 ... 201

九地篇 ... 225

火攻篇 ... 257

用间篇 ... 267

后　记 ... 281

主要参考文献 ... 285

前　言

一

从《孙子兵法》中学习斗争的艺术

去年开始解读《论语》时，我就有一个计划。按照这个计划，我准备将《论语》《周易》《孙子兵法》译成白话文，以方便大家日常阅读。这三本书对中国人日常行为、文化习惯的影响，超出我们的想象。我们日常所做所思所想、出发点、对错的标准等，都可以追溯到这三本书。比如，我们判断是非的标准有很大可能来源于《论语》，我们处事的技巧与智慧有很大可能来自《孙子兵法》，我们对未知事物的类比想象有很大可能来自《周易》。尽管有不少人可能没有看过这三本书，但这并不妨碍他们的价值观、行为方式、看待事物的方式来自这三本书。因为两千多年以来，我们的传统基本上是由这三本书塑造的，代际口口相传的习惯和认知，事实上也是由这三本书规定的。总的来说，《论语》和《孙子兵法》是私人著述，《周易》则是官学。追本溯源，这三本书对中国文化、中国人文思想的影响，绝非其他典籍可以替代。我认为，三者相比，最难理解的是《论语》，因为《论语》是关于价值观和伦理观念的，不容易准确把握、描述；其次是《孙子兵法》，《孙子兵法》虽然是实用理性的，但它讲述的都是抽象的原则和思想，认识和理解上难免会见仁见智；与大家日常印象不同的是，三者中最容易理解的是《周易》，因为《周易》是生活经验的总结和提炼，它讲述的东西大多是确定性的，所以，只要看懂了，《周易》其实是最简单和容易的。有意思的是，在总体价值观念上，这三本书基本一致，所以它们可以相互包容。现在，《论语浅说》已出版，接下来就是这本兵法笔记了，我学习《孙子兵法》并认真做笔记，持续下来已有近二十年的时间。下一步，我将着手翻译并解读《周易》。

所谓兵法，就是用兵之法。兵，在甲骨文中，是双手举着斧头（兵器）的形状。在一般的语境下，兵，可指兵器、士兵、军队、战斗、战争、军事等。用兵之法，即有关兵器、士兵、军队、战斗、战争、军事的规律性认知。按照边译边评的习惯，我解读《孙子兵法》的方式，一是将其翻译成今天的语言，二是将自己的学习笔记（即文中的【记】）呈现出来。孙子非常自信，视战争如下棋，"先为不可胜以待敌之可胜"。相比之下，克劳塞维茨明确指出战争是一场豪赌，若米尼则认为战争是一场惊心动魄的戏剧，他既不像孙子那样重视计算，也不像克劳塞维茨那样强调战争的不确定性，而是视战争如艺术。不过，如果我们能够理解孙子当年向吴王阖闾进献兵法时的场景和心情，就可以理解孙子为什么会在行文中表现出信心满满的样子了。

《左传》讲："国之大事，在祀在戎。"兵家和儒家，应当是中国成熟最早的两大思想流派。早期兵家的社会功能，是依靠战争手段拓展国家对外生存的空间；而儒家的社会功能，则是确立国家内部的人文秩序。兵家和儒家的两个代表人物——孙子和孔子，他们是同时代的人，有不少相同的地方。首先，他们的出身相似，都是由贵族而平民。其次，他们的思想似乎有着共同的起源，孙子是齐人，其伐谋、伐交的思想以管仲的经验为范式,孔子虽是鲁人,但他对管仲的功业也是赞不绝口,管仲是他们共同的榜样。再次,孙子"令民与上同意",与孔子讲的"民无信不立",其实是一回事,说明他们在政治上有相同的认知。最后,他们对战争都持非常谨慎的态度。孙子重战,"兵者,国之大事,死生之地,存亡之道,不可不察也",孔子更是如此,"子之所慎:齐、战、疾";孙子讲"以迂为直",孔子则说"欲速则不达";孙子要求"先知",孔子则要"远虑"等等。《孙子兵法》和《论语》是中国传世文献中最具代表性的早期私家著述。孙子和孔子虽是同时代人,但《孙子兵法》是孙子本人亲自著述,所以它比由孔子弟子及再传弟子编纂的《论语》在时间上要早几十年。《论语》主要是讲做人,事关价值观和伦理道德规范,以人为本。而《孙子兵法》则高扬(战争胜负)实用理性精神,以利为本。我们可以判断,在现实的挤压和压榨下,最容易被人们接受、最早得到应用的应当是孙子的学说,这也是孙子在当时虽然不是公卿(不显名于《左传》),其事迹和学说仍然得以流传下来的主要原因。然而,文化史上的表现是,《论语》更容易得到文人的推崇。原因可能是文人(的偏好)在文化知识和观念传播上的天然优势,《论语》比《孙子兵法》在文化界得到更高的评价或推崇也是必然。正如个人理念（理性）和生活现实（感性）常常纠缠在一起，文和实的关系，现实中难分伯仲。在有些时候有些领域，文胜于实，但在更多的时空中，实应该发挥着更大的作用。我们相信，孙子的功利主义、实用理性精神，与孔子的"仁"这一道德价值信仰观念，这对立的两极之间，就是中国传统文化繁衍生息之地。浮在上面的是《论语》，沉在下面的是《孙子兵法》，这两部著作都是认识和理解中国社会文化的一把钥匙。

在中国传统文化思想流派中，除了兵家和儒家之外，影响较大的还有道家。比较《孙子兵法》和《道德经》、孙子和老子主要有三点不同。一是孙子强调发挥人的主观能动性，孙子的人生态度是积极的、进取的；老子完全否认人的主观能动性，主张消极无为、保守后退。二是孙子认为强弱、虚实等对立的双方在一定的条件下是可以互相转化的，可以创造条件使敌方由众变寡、由强变弱、由优势变为劣势，从而取得胜利；老子则认为矛盾双方的转化是无条件的、必然的，从而否定人的作用。三是孙子是唯物主义的，老子是唯心主义的。有人说《孙子兵法》借鉴了《道德经》的东西,我认为《道德经》应该成书更晚。如在《孙子兵法》中,对人君的称谓,多为"诸侯""君""主",而《道德经》一书中,则改为"侯王""王"。我们知道,直到公元前344年,魏惠王开始称王,随后齐、秦、韩、赵、燕、中山等国相继称王。再者,《道德经》一书中有战国时期才开始有的称谓,如"上将军""偏将军"等。这些都是《道德经》一书晚于《孙子兵法》的证据。在辩证思想上,《道德经》有不少与《孙子兵法》相通的地方,试举例如下。

(1)《孙子兵法》讲:"道者,令民与上同意。"而《道德经》说:"圣人无常心,以百姓心为心"。

(2)《孙子兵法》讲:"视卒如婴儿……视卒如爱子。"而《道德经》说:"夫慈,以战则胜,以守则固。"

(3)《孙子兵法》讲:"夫兵形象水。"而《道德经》说:"上善若水。"

(4)《孙子兵法》讲:"知彼知己。"而《道德经》说:"知人者智,自知者明。"

(5)《孙子兵法》讲:"主不可以怒而兴师,将不可以愠而致战。"而《道德经》说:"善战者不怒。"

（6）《孙子兵法》讲："以迂为直，以患为利。"而《道德经》说："曲则全，枉则直。"

（7）《孙子兵法》讲："兵者，诡道也。故能而示之不能，用而示之不用，近而示之远，远而示之近。利而诱之，乱而取之，实而备之，强而避之，怒而挠之，卑而骄之，佚而劳之，亲而离之。攻其无备，出其不意。"而《道德经》说："将欲歙之，必固张之；将欲弱之，必固强之；将欲废之，必固兴之；将欲取之，必固与之。是谓微明，柔弱胜刚强。"

（8）《孙子兵法》讲："形兵之极，至于无形。"而《道德经》说："为无为，事无事，味无味。"

（9）《孙子兵法》讲："辞卑而益备者，进也；辞强而进驱者，退也。"而《道德经》说："正言若反。"

诸如此类，我们还可以找出许多二者相互关联的例证。

总的来说，在辩证思想方面，《孙子兵法》侧重于军事范畴，而《道德经》则侧重于政治范畴。李泽厚先生认为先秦思想流派中最先发展和应用辩证思想的是兵家，此言不假。如"奇正"出于《孙子兵法》，不见于《论语》《墨子》《吴子》《司马法》《商君书》《孟子》《左传》《国语》《庄子》《荀子》等，却可见于《道德经》。仅此一端可见《孙子兵法》与

《道德经》关系之密切。更有力的例证是，《孙子兵法》中"奇正"的应用不超出军事范畴，而在《道德经》中，"以正治国，以奇用兵"，"奇正"已经超出军事范畴，走向政治范畴了。这说明老子将孙子的军事辩证法提升为政治辩证法了。再者，《道德经》的思想，可以概括成一句话：不要主张自我，不要拘泥于理智，要虚我而顺应世事。显然，这样的思想主张只能自我麻醉，于斗争无益。因此，在本书中我们尽可能地少讨论涉及《道德经》方面的内容。

《孙子兵法》舍事而言理，词约而义丰，具有高度的哲理性和逻辑性。简单地讲，《孙子兵法》的理念主要有以利为本、以知为先、理智客观、胜敌益强等。

《孙子兵法》通篇贯彻以利为本的思想。认为利是战争的根本所在。在孙子看来，知而能谋，谋而为胜，胜而有利。在实际行动中，强调趋利避害，"合于利而动，不合于利而止"，"非利不动，非得不用，非危不战"，以及"上兵伐谋，其次伐交，其次伐兵，其下攻城"，即要以最小的代价，换取最大的胜利。

知，是《孙子兵法》的核心所在。孙子强调先知而后战。

孙子强调知，反对用占卜等迷信方式预判战争胜负。他说："先知者，不可取于鬼神，不可象于事，不可验于度，必取于人，知敌之情者也。"他主张"禁祥去疑"，强调"凡此五者（即道天地将法），将莫不闻，知之者胜，不知者不胜"，提出"知彼知己者，百战不殆"。《孙子兵法》通篇闪耀着实用理性的光辉。

孙子强调理智而客观。在战场决胜中，将帅的主观因素很重要。但是，正确的做法是发挥主观因素的积极作用，抑制主观因素的消极作用。孙子说："主不可以怒而兴师，将不可以愠而致战。"要求避免感情冲动，保持理智和客观，他告诫人们"怒可以复喜，愠可以复悦"，感情可以反复，但"亡国不可以复存，死者不可以复生"，感情冲动造成的后果，是无法挽回的。

孙子追求越战越强，即《孙子兵法》"作战篇"提出的"胜敌而益强"。大体上讲是通过作战不断强大自己。战争本来是国力、民力的消耗，如何通过战争来不断强大自己呢？孙子讲了三条原则。一是速战速决。二是因粮于敌。远离本土，深入敌国，千里会战的军队，远距离的后勤运输会耗尽国力，所以孙子主张"掠于饶野""因粮于敌"，认为"食敌一钟,当吾二十钟;萁秆一石,当吾二十石"。这样不仅"军食可足",而且由于补给线负担减轻,还可以大大提高军队的机动能力。所以孙子提出"役不再籍,粮不三载"。所谓"粮不三载",即出兵时运一次粮,班师时运一次粮,一次战争只组织两次后勤运输。三是缴获、俘虏为我所用,"车杂而乘之,卒善而养之",将缴获敌方的战略物资归我所用,俘虏敌方的士兵转化为我方士兵,从而实现越战越强。

《孙子兵法》的战斗逻辑简单归结起来可概括为掌握情况、争取主动、以强胜弱。

一是掌握情况。《孙子兵法》提出"知彼知己者,百战不殆"。意思是作战之前必须充分掌握敌我双方的情况,不打盲目的战争。《孙子兵法》中多次提到这一原理。在"地形篇"中说"知吾卒之可以击,而不知敌之不可击,胜之半也"。意思是,作战时只知道我方的优势而不知敌方的优势,打起仗来只有一半的胜利希望。"知敌之可击,不知吾卒之不可以击,胜之半也。"即只知道敌方的弱点而不知我方的弱点,打起仗来也只有一半的胜利希望。"知敌之可击,知吾卒之可以击,而不知地形之不可以战,胜之半也。"即知道了我方的优势和敌方的弱点,如果不知道地形对我方不利,打起仗来也只有一半的胜利希望。作战之前要充分掌握敌我双方的全面情况，这是任何时代、任何地方都要遵循的战争原理。违反了这一原理，盲目开战，必然招致失败，这是被无数次战争实践所证明的。

二是争取主动，要形成战场有利局面，我方必须掌握战场主动权。《孙子兵法》讲，打胜仗的军队，总是先准备好一切胜利的条件以后才开战。相反地，打败仗的军队总是在条件还不具备时先打仗再求胜，即"胜兵先胜而后求战，败兵先战而后求胜"。《孙子兵法》讲"善战者，立于不败之地""先为不可胜，以待敌之可胜"。孙子提出了一个争取主动权的总原则"致人而不致于人"，即处处争取主动，要指挥调动敌方，不要被敌方牵着鼻子走。

三是实现以强胜弱，这是战争胜利的总规律。《孙子兵法》提出了在战术上集中优势兵力打击敌方少量、弱势兵力的原理。战场正面决战，结果必然是强胜弱、多胜少，这是战争的客观规律。《孙子兵法》"虚实篇"说："我专为一，敌分为十，是以十攻其一也，则我众而敌寡。"这是要求形成我方用十个打击敌之一个的局面，这是决胜的前提。如何形成这样的局面呢？孙子说："吾所与战之地不可知，不可知，则敌所备者多，敌所备者多，则吾所与战者寡矣。"这是要求我方隐藏作战意图，让敌人摸不着头脑，不知道我方将从何处进攻，从而处处防守，分散兵力。敌方兵力分散了，我方就有机会以多打少。这是游击战争的精髓。全面掌握敌我双方以及天时地利条件，做好充分的准备，掌握主动权，以期在决战时形成以强击弱、以多击少的局面，这是战场取胜的不二法门。

谈谈历史长河中的《孙子兵法》。在战国时期，孙子就已经名扬天下，先秦文献已经开始出现孙子的名字。如《荀子·议兵》讲"孙吴用之，无敌于天下"（其中的吴指当时与孙武齐名的名将吴起）。此外，《孙子兵法》中的内容多被《尉缭子》等文献引用。《韩非子·五蠹》讲"藏孙、吴之书者家有之"。到战国后期，《孙子兵法》已经成为行军打仗之人的必读书了。应该说到战国后期，《孙子兵法》就已经确立其经典地位了。

《史记》中，有专门介绍孙子事迹的《孙子吴起列传》。司马迁在《史记·孙子吴起列传》中说："世俗所称师旅，皆道孙子十三篇。"此外，《吴太伯世家》中有吴王阖闾问计于孙武的事迹。《伍子胥列传》中有"吴以伍子胥、孙武之谋，西破强楚，北威齐晋，南服越人"的记录。《律书》中提到"吴用孙武，申明军约，赏罚必信，卒霸诸侯，兼列邦土"的评价。在《留侯世家》中评价张良时说"无智名，无勇功"，分明是借用《孙子兵法》中的句子。《淮阴侯列传》中，提及兵法名句，有"十则围之，倍则战""右倍山陵，前左水泽""陷之死地而后生，置之亡地而后存"等。《卫将军骠骑列传》有"小敌之坚，大敌之禽也"，更有霍去病少时"天子尝欲教之孙、吴兵法"的记录，说明汉武帝也是熟悉《孙子兵法》的。《田单列传》太史公曰："兵以正合，以奇胜，善之者，出奇无穷。奇正还相生，如环之无端。夫始如处女，敌人开户；后如脱兔，敌不及距。其田单之谓邪！"分明是借用《孙子兵法》来评价田单用兵。在《太史公自序》中，在说明为何为孙武立传时说道，没有信、廉、仁、勇，不能传授兵法。兵法与道相符，内可修身，外可应变，君子应当对此加以重视并以此为德。可以断言，《孙子兵法》在汉代时已经是统兵之人的普遍知识。

  曹操在《孙子略解》中说："吾观兵书、战策多矣，孙武所著深矣。"《唐太宗李卫公问对》中唐太宗说："朕观诸兵书，无出孙武。"进入唐代以后，注《孙子兵法》者逐渐增多。宋代时，《孙子兵法》被列为《武经七书》之首。宋代苏洵在《嘉祐集》中评论《孙子兵法》说："（孙）武之书，词约而意尽，天下之兵说皆归其中。"明代茅元仪《武备志》中评论说："前孙子者，孙子不遗；后孙子者，不能遗孙子。"《孙子兵法》作为兵学著作首要经典的位置越来越稳固。《孙子兵法》的影响在国外也很大。日本人荻生徂徕说："纵览兵书，再无《孙子兵法》这般佳作。因其道理之妙。"据说拿破仑也曾痴迷于《孙子兵法》，他快速集中兵力和确保优势兵力的战术，可能是受了《孙子兵法》的影响。英国人利德尔·哈特在《孙子兵法》英译本（格里菲斯译）"序言"中说："《孙子兵法》写得很好，在西方，只有克劳塞维茨的《战争论》可以与它相比，但《孙子兵法》更聪明，更深刻，也更有活力。"

　　《孙子兵法》的影响还不仅仅局限于用兵打仗的领域。《史记·货殖列传》中白圭讲："吾治生产，犹伊尹、吕尚之谋，孙、吴用兵，商鞅行法是也。是故其智不足与权变，勇不足以决断，仁不能以取予，强不能有所守，虽欲学吾术，终不告之矣。"白圭是与孟子同时代的人，被视为中国商业的鼻祖。这句话说明，《孙子兵法》已经对军事之外的商业领域产生影响。

不仅商业，甚至文学、艺术领域，都受到兵法的影响。《文心雕龙》讲："孙武兵经，辞如珠玉。"文人对《孙子兵法》称许，主要是因为他们认为《孙子兵法》用准确而又简洁有序的语言讲出了深奥的道理。饶宗颐先生曾经举例，讲兵法施之于文学，莫切于"气"和"势"二者。兵法中的势，强调在有利的态势中潜藏着的强大冲击力。而势的观念在文学艺术领域中也有应用：如书法中的势指各种书体形成的具有自身特点的体势，绘画中的势体现为静中有动、扑面而来的动感。就文学作品中文章的气势，《文心雕龙》中专门设"定势"一篇，其用语和观点均有《孙子兵法》的痕迹。《孙子兵法》讲"战势不过奇正"，文法中也讲"奇正"。《文心雕龙》中刘勰讲"奇正虽反，必兼解以俱通"，讲究兼收并蓄，主张执正驭奇，反对逐奇失正，认为写作应当如兵家布阵，奇正相参，灵活多变。特别是叙事文学作品，应当讲求奇正相生，变化莫测，一波未平，一波又起，以给读者良好的阅读体验。

有个问题，《孙子兵法》为什么会成为经典，且应用于军事之外的多个领域？有人说，《孙子兵法》讲的只是一些原则性的东西，论述抽象，需要读者去实践、去领悟，无法立即在实战中发挥作用。还有人说，《孙子兵法》将血淋淋的战争视为智力游戏，对战争的不确定性、偶然性以及暴力特性缺乏认知。事实上，这些正是《孙子兵法》得以流传并被广泛应用的原因。《孙子兵法》只讲了军队行动及其冲突对立时的一些最基本要素，《孙子兵法》中只有一些普遍性的说法，几乎没有涉及具体的战争实例，孙子只是在对战争的本质做系统性的思考，并条理清晰地表达了出来。

一般而言，规律越是普遍有效，就越重要，越有价值。所以，不管具体的战争如何演化，不管进攻或者防守的技术如何发展变化，不管是处于哪一个时代、哪一个国家，孙子创立的分析框架一直都是有效的。人际交往中既有合作，也有竞争；既有团结，也有对立冲突。当然，战争是对立冲突的极端表现。由于信息问题、理解方式以及人的自私心理等原因，人与人之间的竞争、对立冲突，是比团结合作更为常见的现象。人们出于善良的本愿，以团结合作为研究目标，或以团结合作为研究前提的比较多，而研究人际竞争、对立冲突的相对比较少。《孙子兵法》就是研究对立冲突的经典文献。此外，《孙子兵法》在文学艺术领域的应用，也是人们克服自身语言表达能力不足的需要。人与自身做斗争，又何尝不是《孙子兵法》适用的领域呢！

说说《孙子兵法》的困境。据说，一位老商人教导他的儿子说："儿啊，挣钱的秘诀没有别的，只是贱买贵卖。"这句话非常正确。可以说是所有商业活动中能够挣到钱的规律。顺应这个规律就能够挣到钱，违背这一规律肯定就挣不到钱。问题是，怎么知道什么时间地点的价格是贱、什么时间地点的价格是贵？如何做到贱买贵卖？仅有这句劝告，好像是无济于事的。

《孙子兵法》也面临类似的困境。它告诉我们，取胜的秘诀是以实击虚，所有的战场胜利，都是面对面交锋时实胜虚、强胜弱。当然，这与老商人口中的贱买贵卖类似，也是一个基本的常识。兵法比老商人更进一步，因为兵法提炼出一个基本的战斗逻辑，即掌握情况，争取主动，然后才能实现以强胜弱。至于如何掌握情况，孙子提出了相敌三十二法、"策之作之形之角之"以及用间等。至于如何争取主动，孙子提出了以迂为直，重视先处战地，主张兵以诈立等，然后才是在特定的战场上以我之实击敌之虚。尽管孙子的作战思想、作战逻辑是清晰明确的,但仍有不少缺憾。

《孙子兵法》的缺憾,在于它过于清晰、过于明确。战争是机会的领域,战局一开,不到最后,谁也不敢妄言绝对胜利。因为在战争过程中,到处都存在着不确定性和偶然性,比如即便是参战者自身事先都无法知悉和把握的战场作战意志问题,这一决定战场胜负的关键要素充满了随机性和偶然性,有时完全取决于幸运与否。在这种情况下,《孙子兵法》过于强调的"知",就显得过于自信以至于有些不合时宜了。孙子极其重视战前周密地了解掌握情况,当然这种了解掌握是极其重要的,但是如果过于相信自己对相关信息的掌握程度从而衍生为"胜可知、胜可为",以至于轻视战争过程可能会超出人的控制的可能性,那么这种自信就是不可信的。

《孙子兵法》的缺憾,来自它对战争的理解不够深入。克劳塞维茨总结了战争的三大特征,一是敌对双方的情感和暴力,二是战争过程的不确定性和偶然性,三是参战方力量之间的对抗和殊死冲撞。战争以彻底的军事胜利为目标,战争不会服从武力本身的规律以外的任何法则。战争的暴力本性、血腥、激情、恐惧和仇恨,都使作战者在面临敌对方时,不敢也不能有丝毫的犹豫、怜悯和温情。这些战争的现实,使孙子的全胜观、不战而屈人之兵的浪漫情调，尤其不合时宜。这多少透露出孙子对战争实践其实不够老练、务实，缺乏悲剧性意识。事实上，战争实践昭示的正是全力投入、暴力无限、绝对制伏，不惜流血、不顾一切地使用暴力的一方，在对方稍有迟疑、稍有软弱、稍有温情时，必然会赢得战场优势，最终取得胜利。在真正的战争中，没有无暴力、无流血、无破坏、无摧毁，战争的走向必然是作战双方的极端冲突。从这个角度来看，孙子的有些设想是违背常识和经验的。或许，孙子当时为了说服吴王阖闾，有美化操纵战争可能性的倾向。也许，正是因为《孙子兵法》与战争实践保持一定的距离，它才可以应用于战争之外的其他领域，为商业竞争、人际关系等领域的实践提供指导。

正如没有放诸四海皆准的真理，《孙子兵法》也有其适用的范围。所谓用兵之法，其适用范围应当在"用兵"的范畴之内，超出这个范畴，兵法的原则和思想就不一定起作用了，或者说，超出了用兵的范围，应用《孙子兵法》的智慧就可能会带来意想不到的后遗症。比如征服，物质领域的征服大概可以适用兵法，而精神领域的征服，运用兵法就要慎重。

我的理解，如果扩大一下"用兵"的范畴，即《孙子兵法》的应用范畴，可以到以力争利的范畴，不过，在以力争利的范畴内也有区别。比如斗争、竞争和战争都属于以力逐利的范畴。利益规定这三者的目标，任何斗争、竞争或者战争，都是利益（价值）的斗争、竞争或者战争，利益（价值）逻辑是斗争、竞争或者战争逻辑的依据。强者胜弱者败、优胜劣汰，是斗争、竞争或者战争的总规律。因敌变化、以奇用兵，以形成在特定时间空间内争斗双方力量对比上的差异性，从而达成出奇制胜的目的，是唯一正确的作战方法。只有斗争才能消灭斗争，只有竞争才能消灭竞争，只有战争才能消灭战争，这不是辩证法，而是历史的经验。各种争的普遍价值，体现在其极端的典型之中。斗争、竞争和战争的全部本质，体现在它们的极端形态中。战争是最高级、最纯粹的竞争或者斗争。所以，从战争中学习斗争和竞争，是极为高明的学习方法。

斗争、竞争和战争，是按照从抽象到具体来排序的。相比之下，斗争是最为普遍、最为抽象的概念，竞争可以看作不流血的战争，战争可以看作流血的竞争。然而，竞争和战争有根本的区别。战争的场景是残酷的，战争通常要决出胜负，结局基本上是你死我活。竞争是分利逻辑，有利才有竞争,面对共同的利益,竞争的结果是谁得多一些,谁得少一些。竞争的底线是可以主动退出,大不了不干了。而战争是你死我活,大家互不相容,战争是负和博弈,失势的一方除了投降、认输,还要看对手认不认,否则没有退出的可能。竞争可以避开,人在竞争中的命运大多掌握在自己手中,可进可退。而身处战争的场景中,命运很大程度上并不一定掌握在自己手中,很多时候,逃无可逃。战争相比竞争更为极端、更为惨烈。从这个意义上讲,从战争中学习竞争是条捷径。如同一个大学生,回头来做小学生的作业。这是我学习《孙子兵法》并向大家介绍学习笔记的原因。

我觉得有必要再次强调《孙子兵法》的适用范围问题。各方以力争利的结果,如果是利的总量不变或者变小,这是典型的战争或者斗争的领域。各方以力争利的结果,如果是利的总量增加了,则是典型的商业竞争的领域。《孙子兵法》言说的显然是战争或者斗争领域的规律,而商业竞争的领域,《孙子兵法》的很多智慧可能并不适用,比如兵以诈立(弄奸使诈)等。很多《孙子兵法》的现代教材和学习者,将兵法的思想和原则简单直接地比附于商业竞争、合作甚至日常生活领域。他们不知道,在不适当的领域应用《孙子兵法》可能会有很大的问题（后遗症），有时甚至会适得其反。人的思想是最有活力的，可以触类旁通，但是如果更进一步，搞成触类皆通，就会适得其反，都不通了。

可以肯定地说，在精神和感情的领域不适用《孙子兵法》，在分工合作的领域也不适用《孙子兵法》。问题是你不用，别人用了怎么办？你要么离开这个局，要么用《孙子兵法》中更高明的手段反制他。不论是选择离开或者选择反制，前提是你熟知《孙子兵法》。所以说，除非你选择避世，不然的话，学习《孙子兵法》，对我们应对一些问题还是有益的。学习《孙子兵法》，掌握斗争的艺术，有助于我们明明白白地过好这短暂的一生。

战争是人类社会的普遍现象，和平只有在强大的武力背景下才有可能。斗争是更为日常的现象，了解并熟悉斗争的艺术，有助于我们实现生活（内心）的平静。因为只有斗争才能消灭斗争。

计篇

我们对《孙子兵法》的解读，以阐述其思想为主要目的。

首先是"计篇"。"计篇"为《孙子兵法》十三篇之首，居于统揽全书的地位，也是孙子全部思想体系的概括，体现了《孙子兵法》的基本精神和方法，应予以足够重视。

现有解读《孙子兵法》的文献，对"计篇"的理解和重视程度不够。比如有不少人认为，"诡道"不应纳入"计篇"范围之内。这说明他们没有准确理解《孙子兵法》思想的科学内涵，对战争的本质和规律缺乏全面准确的认知。

战争的舞台是战场，战场上的决斗，其本质是力量的角逐。战场决胜负，力强者胜，这是客观规律。严谨地讲，在同一个作战的时空内面对面的战争中，战争的结果必然是强者胜弱者败。所以，几乎所有的兵法战策、努力的方向，从根本上讲，都是试图营造出在同一个作战时空内我强敌弱的局面，以确保我方战之必胜。

强弱是力量的对比。如何认识这种力量？可以说，军事力量既是物质的，也是精神的。有的军事力量肉眼可见，有的军事力量不容易看得见。军事力量有客观因素，也有主观因素。军事力量的物质性意味着战斗力量的形成，是兵力、武器装备、天时地利、军事组织等客观因素综合作用的结果。军事力量有时也是精神的，主要是运筹帷幄等领导艺术（造势）、士气甚至是作战心理等主观因素在有利的战斗局面形成上也起着决定作用。虽然如此，但军事力量的作用最终还要通过实实在在的物质形式来展现，这是需要牢记的。

简单地概括，客观展现出来的军事力量由实力和势力共同组成。举个例子，武器库中没有子弹，再高超的指挥员也不能做到让前线战壕中的士兵枪里能够射出子弹。武器库里的子弹再多，如果装不到前线战壕中士兵的枪里，那些堆积如山的子弹也无法形成杀敌的力量。军事实力一般指客观存在的军事力量，主要由人和武器组成，还包括一些优越的地理条件等。而势力则指人为因素对军事打击能力的影响，主要指通过运筹帷幄、激发军队士气等方式发挥人的主观能动性，从而形成对军事实力的有效运用。显然，只有将客观的实力和人为的势力进行有机组合，才能形成强大的对敌力量。而实力和势力，就是

《孙子兵法》计篇中的"经"与"权",即"道天地将法"之"五经",以及诡道中的"因利而制权"。

所以,"计篇"中所谓的计,指的是算计。即在战前综合比较敌我双方的战斗力量,对敌我双方涉及战争的各种主客观条件进行估计和对比,从而发现获胜的机会,制定出正确的作战方向、战略战术。所以说,算计,首先要估算一下战争能不能打。不过,由于大多数情况下战争是无法回避的,所以更重要的是,我方应当如何来面对当前的战争。即如何全面摸排,并制定出正确的决策,做出战略战术的正确选择。

另外,战争实践在很多情况下具有偶发性,当我方卷入一场战争,特别是面临具体的一场场战斗时,《孙子兵法》"计篇"中"经"的部分,已经是主将面对的常项、不变项了。在这种情况下,想要克敌制胜,就必须从"权"的角度做文章。所以,因利而制权的诡道,才是兵法中的重点。

【原文】孙子曰:兵[1]者,国之大事[2],死生之地,存亡之道[3],不可不察也。

【译】孙子说,战争是(高于一切的)国家大事,关系到民众的生死，关系到国家的存亡，是不能不仔细研究、不能不认真对待、不能不慎重考虑的事情。

【记】《孙子兵法》的行文习惯，对于一些重要的名词和说法，通常都会在文中进行解释或界定。孙子讲战争是国家大事，为什么呢？他自己解释道，因为战争关系到民众的生死，关系到国家的存亡。

【注】
1 兵：这里指的是战争。
2 国之大事：《左传》成公十三年载"国之大事，在祀在戎"，意思是国家大事，在于祭祀和战争。这是古人通行的认识。
3 道：途径。

【原文】故经[4]之以五事，校之以计，而索其情[5]：一曰道，二曰天，三曰地，四曰将，五曰法。道者，令民与上同意也[6]，故可以与之死，可以与之生，而不畏危[7]。天[8]者，阴阳、寒暑、时制也。地[9]者，远近、险易、广狭、死生也。将[10]者，智、信、仁、勇、严也。法[11]者,曲制、官道、主用也。凡此五者,将莫不闻,知之者胜,不知者不胜。故校之以计,而索其情,曰:主孰有道?将孰有能?天地孰得[12]?法令孰行?兵众[13]孰强?士卒孰练?赏罚孰明[14]?吾以此知胜负矣。

【译】所以,要从五个影响战争胜负的客观事项入手,来比较敌我双方的优势劣势(力量的对比),并在此基础上判断未来战争的情势。这五个事项,一是政治,二是天时,三是地利,四是将领,五是法制。所谓(得道的)政治,是指君王能够让老百姓与他同心协力,与他同生共死,为他出生入死,而不害怕、不怀疑。所谓天时,是指昼夜、寒暑、阴晴、风向等战场气候情况。所谓地利,是指路程远还是近,地势险阻还是平坦、宽广还是狭窄、有利于进攻还是有利于防守等。所谓将领,是主将的智谋才能、赏罚有信、爱护士兵、勇敢决断、军纪严明等方面的情况。所谓法制,是指军队的制度和秩序,主要包括军事组织、部队编制、人事制度、军费物资的供应与管理等。凡是这五个方面的基本情况,主将都不能不知道。主将只有深入了解、准确掌握这五个方面的基本情况,军队才会有获胜的可能。主将如果不能掌握这五个方面的基本情况，军队就不大可能会获取胜利。所以，我们从以上五个方面来比较敌我双方的军事实力，以此来推断战争胜负的情势。要看看，在政治上谁更得道？谁的主将更胜一筹？谁能得天时地利？谁的法令更严明？谁的武器装备更占优势？谁的士兵训练有素？谁的赏罚公正严明？通过这些比较，就可以初步判断谁更有取胜的把握、谁的胜率更大了。

【记】五事七计，是五个方面的七个问题。通过比较这七个问题，即可明白敌我双方客观军事实力的优劣。孙子首先提出五事七计，表明他将敌我双方的实力对比作为打赢战争的基本条件，他对战争的分析建立在实力对比的基础之上。

刘伯承说："五行不定，输得干干净净。"所谓五行，即任务、敌情、我情、地点、时间。这些大约可以看作《孙子兵法》五事七计的简约版。

五事七计，虽然很重要，但它只是静态的实力对比。问题是战争过程是动态的。对于战争来讲，客观的基础很重要，但人的主观能动性有时也能超越客观条件，起到决定胜负的作用。

胜利是有规律的。在同一个时空内，正面对敌时，力强者胜，这是千古不易之法则。所以，五事七计比较中占优的一方，只是总体实力上强过对方。至于具体作战时、具体到某一个战斗的时空上能否占据压倒性优势，还要看调兵遣将的能力。

五事七计，只是经（实力），对于战争来说，重要的还有权（势力）。所以，孙子接下来就谈到了"权变"方面的算计。

【注】

4 经：织布机上的经线，机织是在经线上交互交通纬线，织出布匹。在织布的过程中，经线固定不动，只有纬线围绕经线穿梭往来，从而织出布来。在本篇中，经与权相对时，经，可理解为经常，权则为权变。经，是客观物质领域的问题；权，则是主观精神领域的问题。经，主要在平时，有时也在战时；权，一般反映在战时。经是根本的、主要的；权则是变化的，但在具体的时点上又是关键的。经与权的关系，一是在经的基础上求权变，二是一般情况下，对内以经、对外求权。

5 校之以计，而索其情：校是比较，索是探究，情是不显露于外而潜于内的东西。校之以计是从五个方面比较、量度双方实力，而索其情是在比较、量度的基础上做出判断。先量度后判断，体现了孙子的实用理性精神。

6 道者，令民与上同意也：所谓道，是指执政者能够使老百姓对他的政策和行动表示同意、赞同，能够上下同心的就是有道、得道，否则就是无道。与孔子的"民无信不立"、孟子的"得民心"是一个意思。较现实一点的说法是，名正，言顺，事成。一个政治家要善于打起旗帜，政治主张要公开、要明确，要合乎民众的期待。求"道"，应以义，以名，以利。以义为上，名次之，利为其下。最好的办法是以义动人，"虽千万人吾往矣"；其次的办法是以名动人；最后的办法是以利动人。还可以对象的素质高低来分类，高者以义动之，次者以名动之，一般情况下以利动之。不过，也有更加现实的说法，比如张荫麟的《中国史纲》中有仅以名而不以利不能长久之说。君臣上下的名分，最初靠权力造成，名分背后的权力一消失，名分便成了纸老虎，必被戳穿，它的窟窿越多，则威严愈减。光靠亲族的情分和君臣的名分去维持的组织不能长久。

7 不畏危：不害怕，不怀疑。

8 天：指自然的天，战场上的气候条件。

9 地：地形，地理条件，有时也包括风土人情。

10 将：指统兵的主将。孙子认为总揽全局的主将是战争胜负的决定因素。孙子认为将应当具备智（明白事理）、信（说话算数）、仁（爱护士兵）、勇（作战勇敢）、严（纪律严明）的品格。孙子在这里将"智"排在为将标准的第一位置，是有深意的。智最为重要的素养，是见识，也就是克劳塞维茨讲的，在黑暗的时刻发现微光的能力，以及跟随这微光前行的勇气。发现机会、把握机会，是为将者最为重要的品质。古时候各种兵法对为将之道都很重视。《六韬·龙韬》讲，将不仁，则三军不亲；将不勇，则三军不锐；将不智，则三军大疑；将不明，则三军大倾；将不精微，则三军失其机；将不常戒，则三军失其备；将不强力，则三军失其职。戚继光则强调"将德"，认为用将一定用心术正的人，用无二心的人，用诚实之人，用干实事的人，而不能使贪，使诈。何为"心术正"？他解释道："光明正大，以实心行实事，纯忠纯孝，思思念念在于忠君、敬友、爱军、恶敌、强兵，任难上做去，尽其在我。不以死生患难易其念。"

11 法：制度和秩序。法所要达到的目的是使众如一。

12 天地孰得：在冷兵器时代，人力无法克服一般的自然。同样的气候、地理等自然条件，对于作战双方来讲，往往是一方占优、一方处于劣势。所以，聪明睿智的战场指挥都会事先积极地占据对己有利、对敌不利的自然条件。比如沙尘天气里，站在上风口的就有利。春秋时期晋楚城濮之战，晋军就利用冬末春初易起东北风的天气条件，其下军之一部将树枝挂在战车之后，纵马奔驰，搅起漫天沙尘，使迎面遭受风沙的楚军右军阵势大乱，溃败四散。再如赤壁之战时，同样的天时地利条件，那些瘟疫、瘴气等，对孙吴方无所谓，而对曹操方则是大幅削弱其战斗力的因素。再说地理条件的选择，一般而言，人多势众方多选择地形平坦宽阔便于军队展开的地方为战场，而力量弱小的一方尽量选择地形狭窄不利于对方展开队形的地方为战场。

13 兵众：兵为兵器，众为物。兵众即武器装备。

14 赏罚孰明：废一善则众善衰，赏一恶则众恶至。赏善始贱，罚贵始大。杀贵大，赏贵小。严惩那些违法的大官，就能杀一人而三军震；重赏一个有功的小兵，就能赏一人而万人悦。

【原文】将[15]听吾计，用之必胜，留之；将不听吾计，用之必败，去之。计利以听，乃为之势，以佐其外。势[16]者，因利而制权[17]也。

【译】如果国君听从我的计谋，用我指挥作战就能取胜，我就留下；如果国君不能听从我的计谋，用我指挥作战就不能取胜，我就离开。上下取得了一致的认识（统一了思想），就要开始战前造势，为战争的开展努力营造有利的外部条件。所谓势，就是以是否对我有利为标准来采取相应的行动。

【记】孙子此处讲，如果吴王阖闾采纳了孙子的计谋，孙子就留下协助吴王指挥作战。如果不采纳孙子的计谋，孙子就离开。上下统一思想了，就要合力发挥主观能动性，来展开战前造势活动，形成对我方有利的态势。事实上，由于客观物质力量的形成非一日一时之功，甚至是非军事范畴内能够解决的问题，《孙子兵法》的思想和理论精髓，多反映在战场势力营造方面，在既定实力的基础上，通过权变，做到因敌而变，因是否对我方有利而变。这样，通过运用兵法战策，即使在总体上敌人力强过我方，但在具体的战斗空间中，我方也能努力营造出强于敌的局面，达到压倒敌人之力量优势。这是战场取胜的不二法门。

【注】

15 将：如果。

16 势：势是《孙子兵法》中一个非常重要的概念。早期能够代表孙子"势"字之意者，应当是《考工记》中的"埶"。《周礼·冬官考工记·总叙》讲："审曲面埶，以饬五材，以辨民器，谓之百工。"大意是，审视五材的曲直、方圆，以加工整治五材，制作民众所需器物的，是百工。这里的"审曲面埶"，"审"和"面"当动词讲，意为审视、考察。"曲"和"埶"当名词讲，意为材料的某一方面特征。又《周礼·冬官考工记·弓人》讲："凡析干，射远者用埶。"大意是，凡剖制弓干，为求远射的要（反向）利用木材的曲势。我们根据常识理解，所谓"射远者用埶"，大意是，木材本身有其曲直纹理走向。"审曲面埶"之"曲"是指其表面的形状，"埶"指其内在的纹理走向。一个好的工匠，制作弓时，应当会借用木材自然之势。如果木材的曲直纹理偏向一边，那么制弓时必当反其曲直纹理而用之。这样制作出来的弓，可以叠加人力和木材本身恢复其自然曲直纹理之力，弹性足，射程更远。

用现在的语言来表达的话，所谓"势"，层层递进应有三个意思。一是从静态上理解，即物的自然形状，比如制弓的木材其表面的曲直和内在的纹理走向，这一客观存在的形态就是它的势。用现在语言习惯讲，是形势。二是从动态上理解，即事物内在机理的运动变化，比如木材外在的形状和内在的纹理向哪边弯曲、向哪边生长，这种可观察、可预测的规律性的变化方向，也是它的势。用现在的语言习惯讲，是趋势。三是加入了人为因素的势。人为地主动利用自然之势，利用事物运动变化的规律，即用势。比如从木材弯曲的反面制作弓的弧形，力大，射程远。人借势形成的有利于自身的力量，叫作势力。总的来说，势是一种客观存在，势首先是自然之势，势是一种自然而然的状态和趋势，认识到势就认识到了（潜在的）力量。人要借势，形成势力，就需要用权、用变，在复杂的、千变万化的情况下，见机行事，创造出、把握住有利于自己的态势。

《孙子兵法》中的势，指的就是这种势力。

17 权：权指秤砣。衡指秤杆。权衡结合在一起就是秤，即古时候称重的工具。用秤称量物品时，必须适当地调整秤砣的位置，以保持秤杆的平衡，此时才可以根据秤杆上的刻度来看出所称物品的重量。因此，人们将遇事变通、随机应变称为权。所以，因利而制权，可以理解为怎么有利怎么干，这就是战前造势的总原则。《史记》载，汉武帝曾经让霍去病学孙吴兵法，霍去病说"顾方略何如耳，不至学古兵法"。意思是打仗最重要的就是随机应变、因势而动，不需要学习什么古代的兵法。霍去病这句话，很是符合孙子"因利而制权"的精神。

【原文】兵者，诡道[18]也。故能而示之不能，用而示之不用，近而示之远，远而示之近。利而诱之，乱而取之，实而备之，强而避之，怒而挠之，卑而骄之，佚而劳之，亲而离之。攻其无备，出其不意。此兵家之胜，不可先传[19]也。

【译】用兵之道，就是灵活运用各种方法，使战场局势朝着有利于我方的方向发展变化。比如，能打时要装作不能打，能用时要装作不能用，本来在近处却要装作要到远方去，本来在远方却要装作要到近处行动。对贪利者要用小利引诱他们上钩，对处于混乱状态的敌人要乘机攻取，对有实力的敌人要加倍警惕防备，对实力强大的敌人要避开，对于易怒的敌人要想办法激怒，对蔑视我方的敌人要想办法让其更加骄傲，对休整得比较充分的敌人要想办法使其疲惫，对内部团结的敌人要想法离间等等。总的来说，要做到"攻其无备，出其不意"。这些都是兵家取胜的秘诀（只能在战场上临机应变），是不可能在事先就规定好（怎样去做）的。

【记】事实上，所谓的"诡道十二策"，只是孙子列举的几个例子。大体上分四类。第一类是声东击西，使敌人产生错误判断。如"能而示之不能，用而示之不用，近而示之远，远而示之近"。第二类是主动欺骗、迷惑敌人，如"利而诱之"。第三类是避实击虚，如"乱而取之，实而备之，强而避之"。第四类是削弱敌人，如"怒而挠之，卑而骄之，佚而劳之，亲而离之"。创造出有利于我、不利于敌的作战形势，最终做到"攻其无备，出其不意"，形成战场优势。

　　诡的含义是，有意把不真实或不实际的某种事物，作为真实或实际的事物提出或提供。诡道以隐藏自己的企图为前提、以引导对方信以为真为结果，目的是促使对方做出错误判断，采取我方希望他们采取的行动。事实上，使用阴谋诡计，多数情况下是实力弱者的选项。因为弱者自知实力不如对方,如果面对面、真刀实枪地战场对决,预期结果不乐观。所以,实力弱者偏好使用诡道,诱骗敌对方上当受骗,使敌对方不能集中或不能有效运用战斗力,从而有机可乘。

阴谋诡计并无一定常规可循。凡是敌人惧怕的,就是好的;凡是敌人想不到的,就是对的;凡是使敌人躁动不安的,就是有效的。但不可常用,因为你凝视深渊时,深渊也在看着你。常用阴谋诡计,骄纵之下必心生懈怠,"不成熟的策略是顿挫之源"[①]。此外,常用必被察觉,阴计外泄,于事无补,徒增笑料。特别是那些以耍弄小聪明而自居心理优势、沾沾自喜的人,是没有出息的表现,这些人成事不足、败事有余。日常那些虚假的、做作,但求浮华粉饰的东西;无故的笑脸、装模作样、傲慢自负等,一切没有灵魂、没有道理,只是为了炫耀、为了迎合而说谎的东西,极其低劣,不能归入诡道。或者说,阴谋诡计的使用是有门槛的、昂贵的,理应有一个与它相匹配的伟大目标。一切不以战场取胜为目的的阴谋诡计,都是极为低劣的。

此外,诡道不是让人捉摸不透你。如果只是达到这种效果,

---

① 宫本武藏:《五轮书》,一兵编译,武汉出版社,2009。

除了让别人不信任你，别无收获，此为失策。所以，不是凡事都要对着干、反着来。是顺敌之意，还是逆敌之情，应当遵循结果导向的原则。最终的目的，是让敌人产生错觉，做出我方期望的反应。

刘伯承说，将帅要善于以各种手段隐匿自己的企图，迷惑引诱敌人，给对方造成错觉和意外，为歼灭敌人创造条件。这就是平常所讲的计策和谋略。

我方通过运用诡道，使实力占优的敌方自乱阵脚，不能集中有生力量，为我方抓住时机、营造正面迎敌时我强敌弱的战场形势创造条件。阴谋诡计要取得好的效果，形式上最好是简洁的，而不是复杂的；是粗糙的，而不是精细的……在这方面，过于关注理性和逻辑，反而会误事。更多的时候，看似不经意地悄悄埋下种子即可，它自己会生根发芽。若过分栽培，可能会引起敌方戒心，恐怕会适得其反。

所谓"攻其无备，出其不意"，主要是达成进攻作战中的突然性。站在这个角度看，孙子的思想，归纳起来，一是通过隐藏作战意图达成突然性，二是通过选择敌方没有预料到的进攻时间、路线、方式和攻击目标达成突然性，三是以兵贵神速达成突然性。

总的来讲，用阴谋诡计让敌方自乱阵脚，我方可以攻其无备、出其不意，就达到目的了。最后一点，诡道的适用范围，仅限于战前造势，这也是需要特别注意的地方。

【注】

18 诡道：上文"因利而制权"，即努力地创造出有利的作战态势的具体做法。兵行诡道，《孙子兵法》列举了诡道的几种方法。

"能而示之不能"，故意示弱，麻痹敌人。

"用而示之不用"，使诈，诱骗敌人上当。

"近而示之远，远而示之近"，也是诈术，迷惑敌人。

"利而诱之"，利诱，主动给好处，诱骗敌人上钩。

"乱而取之"，把水搅浑，趁乱取胜。

"实而备之"，强敌面前要小心谨慎。

"强而避之"，避其锋芒，不要拿鸡蛋碰石头。

"怒而挠之"，激将法。

"卑而骄之"，隐藏自己的优势，放大自己的劣势，小心卑微应对，让敌人骄傲自大。

"佚而劳之"，不停地骚扰、挑逗敌人，使他们疲于奔命。

"亲而离之"，离间计。

采用种种损人利己的手段，诱使敌人犯错误、心理和行为偏离正常轨道，以便于我方有机可乘。

19 不可先传：不能事先做出具体规定。曹操注："兵无常势，水无常形，临敌变化，不可先传也。故料敌在心，察机在目也。"

【原文】夫未战而庙算[20]胜者，得算[21]多也；未战而庙算不胜者，得算少也。多算[22]胜，少算不胜，而况于无算乎。吾以此观之，胜负见[23]矣。

【译】在开战之前，经过战争推演预计可以打胜仗的，是我方力量（实力＋势力）能够压制敌方力量；经过战争推演预计不能保证打胜仗的，是我方力量不能形成对敌的压倒性优势，或者我方处于劣势。战前推演务必尽可能精密，只有双方力量对比计算比较精密，得到的结论才有指导意义。否则，只是粗略地计算，则有可能挂一漏万，庙算的结果可能会失真，失去其对战争的指导作用。至于那种根本就没有比较的，更是不值一谈了。我们根据庙算的结果，就可以知道我方应当采用的战略方向和战术选择,由此就可以预估未来战争的胜负了。

【记】用今天的话讲,孙子所谓的庙算,就是今天的战前推演。孙子认为,对于战争这等国之大事,必须事先经过全面、周密、慎重的谋划、推演,方可做出决策,这表明了孙子对战争的理性精神和审慎态度。一是要尽可能地精密,二是在精密计算的基础上选择我方"得算"多的方式。而我方"得算"多的方式,显然不仅包括实力对比(配备),还要包括势力的营造、作战方向、战略战术的选择等。如果短期不可变的"经"(即五事七计)提供不了足够的实力支撑,就要从"权"的方面寻找(营造势力的)突破口来增加我方的胜算了。事实上,最后往往是人的主观能动性在战争胜负中起到关键作用,这样的战例不可胜数。因利而制权、战前造势、制定正确的战略方向和有力的战术措施,就是庙算所要达成的目标啊。由此可见,通过庙算,战争可以成为一种更加理性和更加可控的活动。

说到这里,就知道以往那些对《孙子兵法》"计篇"的解读,是不是忽略了最重要的东西?

【注】

20 庙算：古人敬天法祖，有关国家的重大决策一般在太庙中举行，重大军事活动的筹划更是如此。这就是"庙算"一词的来源。后泛指最高统治者参与决策的会议。《孙子兵法》中的庙算，指的是战前在国家层面上对未来战争走向的推演。

21 得算：算，为计数用的筹码。得算，指我方得到的筹码，这里指战前推演中敌我双方力量对比中占优的程度。有一个问题，诡道应当纳入庙算的范围内吗？回答是肯定的。我方面对敌方时应当采取的计策和谋略，应当是庙算中的重点。

22 多算：指算的精细程度。

23 见：带有估计性质的预见。见与知不同，孙子在前面讲的"吾以此知胜负矣"中的知，是一种确定的、明确的主观判断，而这里"胜负见矣"的见，是对客观事实的预估，有估计性的含义在里面。

作战篇

作，为谋划、准备开始之义。作战，即准备战争，战争开始前的准备工作。

本篇主要讨论战争与经济的关系。一般而言，经济利益是战争产生的原因，夺取经济利益是战争的最终目的。经济力量是进行战争的物质基础，战争行动受到物质条件的严格约束。

本篇主要是算经济账，孙子从久战之害引出速胜之利，顺带明确了后勤保障方面的战略要求（原则）。战前准备工作首先要算经济账，在此基础之上，制定正确的战略战术。可以看出，孙子的思想是实用理性的。要用战略眼光审视国家的人力、物力、财力的可承受范围，这是发动战争的前提条件。万不可做出超出自身经济承受能力范围之外的战争决策，避免国家因战争陷入危险境地。

准备战争既要考虑国家的经济承受能力，即人力、物力、财力的最大负荷能力，还要考虑投入这些人力、物力、财力能否取得胜利,考虑取得战争胜利后能否得到足够的补偿,不能忘记战争的目的是夺取利益。本篇详尽地论述了准备战争即备战的基本原则。

【原文】孙子曰:凡用兵之法,驰车千驷,革车千乘,带甲十万,千里馈粮,则内外之费,宾客之用¹,胶漆之材,车甲之奉,日费千金,然后十万之师举矣。

【译】孙子说,凡兴兵打仗,要出动轻便战车千辆,辎重车千辆,军队十万,还要远距离调运粮草。如此一来,前方后方的费用,支付(与战争相关)外交使节和游说之士的费用,器材物资的供应,武器装备保养补充,每天都要消耗巨额钱财。这样才能支撑起十万大军的出动。

【记】粟裕讲,组织战斗,一定要把人力、物力和财力等各方力量组织好,多动员些力量,就多一层胜利的保障。[①] 准备愈充分,胜利愈有保障。因此,战争胜负的背后,是物资和人员实力的对比。

[①] 粟裕军事文集编辑组:《粟裕军事文集》,解放军出版社,1989。

主将不可能在超出物质条件许可的情况下企求胜利。主将在制定战略战术时，必须首先考虑后勤保障能力。艾森豪威尔说过："没有后勤就没有战术，作战计划如果在后勤上行不通，那就说明计划有问题，需要修改。"二战德国名将隆美尔也说："事实上，在双方还没有交手之前，会战的结果就已经在军需官的手里决定了。"[①]

打仗打的其实就是"钱"，这一点古今中外概莫能外。物资条件对军事行动是硬约束，一般而言，军事行动选择的时间空间应当在财力允许的范围之内。孙子在"作战篇"开始，引述一系列数据，用以说明战争对国家财力和资源造成的巨大消耗。尽管孙子所列数据在今天已经失去了实际意义，但我们仍可从中看到，孙子的分析有其科学依据。

【注】

1 宾客之用：所谓宾客，是指专门从事外交工作的使节和游说之士。出兵打仗之前，往往需要站到道义的制高点上，争取别国的同情和支持，从而拉拢同盟、孤立敌对方，形成有利于我而不利于敌的态势。支付这些使节和游说之士的费用（当

[①] 《隆美尔战时文件》，中国人民解放军总参谋部翻印，1959。

然也会包括收买贿赂相关方面的费用),也是一笔不小的数目,孙子称之为"宾客之用"。

【原文】其用战也胜,久则钝兵挫锐², 攻城则力屈,久暴师³ 则国用不足。夫钝兵挫锐,屈力殚货⁴,则诸侯乘其弊而起,虽有智者,不能善其后矣。故兵闻拙速⁵,未睹巧之久也。夫兵久而国利者,未之有也。故不尽知用兵之害者,则不能尽知用兵之利也。

【译】用这样(日费千金的)军队去打仗,尽管能取得胜利,但是如果时间拖得久了,结果仍不免军队疲惫、锐气挫伤。攻城会使兵力蒙受重大损失,军队长期在外作战,结果就是国家财政陷入困难。如果军队疲惫、锐气挫伤、军力耗尽、财政枯竭,则列国诸侯就会乘机(乘我国力空虚)起而攻之,到那时,虽然有很高明的人,也难以挽回危局了。因此,用兵打仗只有老老实实求速胜的,没有为了求巧(如追求更多的利益)而故意久拖不决的。战争旷日持久且能使国家获取利益是从来都没有过的事情。所以,战略思考必须先害后利,不能完全知晓战争害处的人,是不会完全懂得战争的好处的。

【记】理解孙子的速战速决，准确地讲是慎战速决思想，可以从以下两个层面展开。

一是用兵打仗，能胜则胜，万不可贪大，久拖不决，坐失良机。这里主要是物资消耗、战斗力保持的问题，更主要的是战机稍纵即逝。所以要抓住胜利的机会，能胜则胜。这是一个基本的原则。"兵闻拙速，未睹巧之久也。"意思是说，战场争斗，速决，必须速决。有利态势下要速战速决，以迅雷不及掩耳之势，解决战斗。不利态势下更要速决。宫本武藏讲，摆脱缠斗，重新开局。如果你和敌人陷入缠斗，形势不清，一时难以取胜，就应尽快结束战争，改弦易辙，另辟路径，甚至彻底放弃原先的作战思路。

二是对孙子"兵闻拙速"一说，后世军事家多有微词。唐代大将李靖认为，速决还是持久，要视情况而定。"兵之情虽主速，乘人之不及。然敌将多谋，戎卒欲辑，令行禁止，兵利甲坚，气锐而严，力全而劲，岂可速而犯之耶？""若此，则当卷迹藏身，蓄盈待竭，避其锋势，与之持久。"意思是，如果碰到强敌，目测难以取胜，就要静待机会，不可莽撞从事。

明朝抗倭名将俞大猷在《正气堂集》中说:"孙武子'兵闻拙速'一言,误天下后世徒读其书之人,杀天下后世千千万万人之命……愚见世人欲图速成之功,视三军之命如草芥,往往而然焉,皆孙武子一言误之也。"大概他把那些急功冒进等过错的原因,算到孙子头上了。当然,他们讲的都有自己的道理。古人也讲,务欲速则失德。万事不可求速效,若为求速效,为了赶出成绩,就会伤害人和事,乃至组织、国家和社会出(潜伏)祸患。然而,如何理解孙子速战速决的指导思想?

孙子的"兵闻拙速"是有前提的。首先是先胜后战,其次是做好物质准备和战争筹划。有决战的条件了,才提出在决战时务必要速战速决。要全面地理解孙子速战速决的思想,大概要用一个新词,即慎战速决,比较合适。开启战端要慎之又慎,战事一起,就要贯彻速决的原则。

正确把握孙子"兵闻拙速"思想,主要是分清慎战与速决的界线。不备不虞,不可以师,胜敌先胜而后可战,一定要在有相当把握的情况下,才可开启战端。但战端开启后,速决是唯一正确的原则。不可久战。久战则不可避免会陷入两面或多面作战,面临的不确定性更大,很有可能将自己置于危险的境地。更不能为了追求更多利益而故意拖延不决,这样,一是会错失机会;二是可能落入敌方圈套;三是即使侥幸获胜,付出也会倍增。

要把握好时机,依时机是否有利、战机是否成熟而定。时不至,不可强生;事不究,不可强成。时机未到,就要耐心待机。得时无怠,时不再来。时机成熟了,就要毫不犹豫,以求速决。否则,时至不行,反受其殃。

此外,还要根据战场形势、敌我双方战场实力而定。如果是以强击弱,就要以迅雷不及掩耳之势发起攻击,从速解决敌人。如果是以弱抗强,就要战略持久(一是以时间换空间,寻机;二是消耗敌人,疲敌之师)。战术上,具体到每一场战斗,还是要速决。

孙子还提出了一个重要的思想,即战略考量必须先害后利。发动战争,目的是求利,但有利便有害。一般情况下,人们的行为直接奔利而去,急功近利,往往会忽略、忽视害的一面,所以历史上才有很多自取灭亡的案例。因此,孙子在此提出警告,要求战略思考必须先害后利,如果在利害权衡时发现得不偿失,就不能轻举妄动。

【注】

2 钝兵挫锐：指兵器卷刃、军队疲惫、锐气挫伤，战斗力大减。

3 久暴师：军队长期在外作战，暴露在境外的时间过久。

4 屈力殚货：人力物力过度消耗。

5 拙速：老老实实地尽快（解决）。

【原文】善用兵者，役不再籍，粮不三载，取用于国，因粮于敌，故军食可足也。

【译】善于用兵打仗的主将，仅在开战前做一次战争动员，战时不再进行兵员征集和补充；对军队所需粮草仅仅安排两次运输（即军队出发时随军运输一次，军队班师时再运输一次粮草）；军队所需武器装备，由本国制造提供（可能是各国规格不同的原因）；战争时期所需粮草补给就地解决，也就是从敌人境内征集，自给自足。

【记】孙子所讲战争物资准备和后勤补给的四个原则，即"役不再籍，粮不三载，取用于国，因粮于敌"，是四个最为理想的情况，不易办到。尤其是"因粮于敌"，看起来是变敌之利为我之利、变我之利为敌之害"一箭双雕"的好办法，但是敌方坚壁清野，没粮可抢怎么办？最终还是不得不从国内运粮。

【原文】国之贫于师者远输[6]，远输则百姓贫。近于师者贵卖[7]，贵卖则百姓财竭，财竭则急于丘役[8]。力屈财殚，中原内虚于家。百姓之费，十去其七；公家之费，破车罢马，甲胄矢弩，戟楯蔽橹，丘牛大车，十去其六。

【译】国家因为战争而贫穷有两个原因：一是军队远征，必须有远距离的补给运输，这样老百姓就会忙于远途运输而荒废田亩，从而贫困交加；二是接近战场的地区，物价必然高涨，于是军费开支也水涨船高，导致政府财政困难而不得不紧急加征税赋。军力耗尽，财力枯竭，国内经济萎缩、破产，家家空虚。百姓的财物耗去十分之七；政府的物资财物，由于战车损坏、战马疲病、武器装备消耗、辎重车辆损耗，消耗掉十分之六。

【记】孙子讲战争消耗对于国家、对于民众，都是非常沉重的负担。所以要速决，要因粮于敌。

【注】

6 远输:《管子·八观》讲，粮食运行远达三百里，这个国家的存粮就不够一年之用；粮食运行远达四百里，这个国家的存粮就不够半年之用；粮食运行远达五百里，民众就面有饥色了。意思是，组织老百姓远途运输，一方面老百姓要吃饭，粮食消耗于路；另一方面老百姓耽误农时，农业生产受到影响。从而老百姓贫困交加，国力消耗殆尽。

7 贵卖：卖得贵，即物价飞涨。

8 急于丘役：丘，春秋时民众组织单位，依《周礼》，一甸四丘，一丘十六井、一百四十四夫。《春秋左传正义》有"丘出甸赋"的记载，即向一丘征收一甸的税赋。急于丘役意为紧急加重税赋。

【原文】故智将[9]务食于敌。食敌一钟[10]，当吾二十钟，萁秆一石[11]，当吾二十石。

【译】所以高明的主将，务必首先选择在敌国、在战场附近解决粮草问题。从敌人那里获得一钟粮食，相当于从国内运来二十钟；就地征收一石饲料，相当于从国内运来二十石饲料。

【记】古时远途运输极不方便，千里运粮，运送人员途中吃掉的就会有相当一部分。所以，如果能因粮于敌，一方面减少我方消耗，另一方面使敌对方蒙受损失，可谓一箭双雕。

【注】

9 智将：这一名词在《孙子兵法》中仅出现这一次，孙子的意思是，智将是能够因粮于敌的主将，可见因粮于敌是多么重要、多么困难、多么需要聪明智慧。

10 钟：容量单位。

11 石：重量单位。

【原文】故杀敌者，怒[12]也。取敌之利者，货[13]也。故车战，得车十乘已上，赏其先得者，而更其旌旗，车杂而乘之，卒善[14]而养之，是谓胜敌而益强。

【译】要想军队奋勇杀敌，就必须激发起士兵必胜的士气。要想军队尽量多地夺取、占用敌方资源，就必须给予士兵重赏。

所以在车战中，凡缴获战车十辆以上的，要奖赏最先获得战车的士兵。并更换战车上的旗帜，混合编入我方车队中。对俘虏过来的士兵要加以利用，使他们转变为我方的士兵。也就是，战胜敌人的同时使我方实力更加强大。

【记】孙子在这里提出一个重要原则，即胜敌而益强。这一原则服务于战争的目的。

胜敌而益强的核心思想是，在战争中削弱敌人的力量，增大我方的力量，通过战胜敌人来发展壮大自己。一般而言，杀敌一千，自损八百，是战场常例。战争是个负和博弈，胜利一方这样，失败一方更是如此，人员伤亡、财货损失，都是免不了的。毕竟战争不生产、不创造财富。但是，务实的战略家会想到怎样通过战争弥补消耗、回收投入成本，进而发展壮大自己。这就是胜敌而益强的想法。事实上，过去的游牧民族，是胜敌而益强思想的坚定践行者。因为不这样，通过战斗抢掠之物小于战斗消耗，他们便无法生存。说白了，胜敌而益强，就是依托军事强制力的手段，将敌对方的财物、装备、人员吸收（抢掠）过来，弥补战争消耗，为我所用。有人认为古时候战争也是游牧民族的生产方式之一，原因就是游牧民族的抢掠战争天然地贯彻着胜敌而益强的原则。

胜敌而益强，既要想着怎样战胜敌人，又要想着如何将敌人的东西为我所用，这自然会比单纯的战场武力决斗复杂许多。大型战争，生死存亡之间，很难做到胜敌益强，甚至不容考虑这个问题。因此，在胜敌与益强之间的关系上，胜敌显然是首要的、第一位的。胜敌有余力，才会考虑到益强的问题。或者说在不影响胜敌的前提下，益强是长久之计，益强是为了彻底地战胜敌人，取得最终的胜利。

在本篇中，为解决"千里馈粮""日费千金"等"国用不足"的问题，孙子提出"因粮于敌"，就地取材，从敌方寻找给养，讲"智将务食于敌"。哪里的粮食都养人，这是没有问题的。"杀敌者，怒也。"怒为军威，想办法激发士兵的士气，同仇敌忾，增强队伍的战斗力。"取敌之利者，货也。"曹操注："军无财，士不来；军无赏，士不往。"俗语讲，"重赏之下，必有勇夫"。宋太祖命将伐蜀，激励众将说，所得州邑当与他，所得钱财都归将吏，国家只要土地。于是将吏死战，所至皆下，遂平蜀。"赏其先得者。"这是一个正向激励的措施，谁先破敌，谁先缴获，谁就应该受到重赏。"而更其旌旗，车杂而乘之，卒善而养之。"孙子是讲，对于缴获的可以继续使用的敌方装备，只是换上我方的标识,将其掺杂到我方的装备中,混同使用。对于归降的兵士,要加以利用,混编入我军阵营。为什么要"混"?还是有戒备的因素在里面。《十一家注孙子校理》中有个例子,说当年汉光武刘秀大破铜马军,俘虏数万人,编入自己的军队。为了安抚降卒,刘秀轻车简从,亲自到他们之间劳军慰问,得到信任和拥护。

抢掠敌人的财物,缴获敌人的装备,纳降敌方的士兵,为我所用,这就是胜敌益强的手段。孙子可能没有想到,胜敌益强的手段,到后世得到了发扬光大。朱元璋当年在建立根据地和消灭陈友谅的战争中,在他出征的地方(大概包括今天的安徽、江苏、浙江、江西和湖北的部分地区),广泛推行"给民户由"的政策,以收买人心。他的军队每攻占一处,必洗劫豪门富户,金银、粮食自己带走大约60%,剩下40%分给当地穷人,且把地主的土地分给穷人,并亲自为这些穷困户颁发"土地证"和"财产证明"。史载朱元璋非常重视这项政策,经常亲力亲为,"给民户由,俱自花押"。在战争中,取得地主土地的农民,拿出自造的户籍文书,请求朱元璋签名确认。朱元璋乐于支持他们,一一签字,予以满足。后来起义军政权常备有朱元璋签名的户由帖单,随地填写发给老百姓。① 如此一来，原来敌方阵地的农户，不仅得到了朱元璋的好处，而且他们要保住胜利果实（土地所有权），就必须与朱元璋的政权同呼吸、共命运。本来是敌方的人民，现在却对我方有以死相报之心。不得不说，朱元璋手段高明。拿别人的东西收买自己的人心，何乐而不为！这是任何土匪也比不上的。所以朱元璋也干了土匪们干不了的事儿，他建立了大明王朝。

【注】

12 怒：此处"怒"为心花怒放之怒，指的是军威、（由必胜信念鼓舞而来的）士气。

13 货：指赏赐给立功士兵的财物。

14 善：在汉简本中为"共"，掺杂、混合的意思。孙子在此处反复强调，在作战中，应当将俘获的敌方士兵、车辆等武器装备加以利用，混合掺杂进我方队伍中，与我方士兵共赴战事，从而增强我军的作战力量。

---

① 冯尔康：《论朱元璋农民政权的"给民户由"》，《历史研究》1978年第10期。

【原文】故兵贵胜，不贵久。故知兵之将[15]，生民之司命[16]，国家安危之主也。

【译】所以，用兵打仗以胜利为贵，不以持久为贵。所以，懂得用兵打仗的主将，掌握着民众的命运和国家的安危。

【记】孙子提出"兵贵胜，不贵久"，因为前文论述过，旷日持久的战事，会导致军队士气下降、战斗力下降，国库被掏空，国力耗尽，从而使国家陷入易受攻击的危险境地。然而，如何实现速胜？《孙子兵法》中给出的答案：一是在战略战术的应用中首先确立对敌的优势地位；二是善于把握住时机；三是突然发动、突然进攻，不给敌人反应的机会；四是攻敌的弱点和要害。

孙子始终认为，主将是战争问题的核心。在《孙子兵法》中，孙子始终都站在主将的立场上发言，认为主将的意志、能力和品格等是决定战争胜负的关键。

总的来说，"作战篇"中，孙子讨论了战争的物资准备、巨大消耗以及对社会经济带来的危害。为了避害，降低战争成本，孙子提出了慎战速决的理念，同时提出因粮于敌的战略思想。为了求利，达成战争目标，孙子又提出了胜敌而益强的作战指导思想。即作战不仅要战胜敌人，还要使我方更加强大。这才是发动战争的真正目的，也是对作战者的根本要求。孙子的这些战略思想都是弥足珍贵的，体现了孙子超越时空的战略眼光。

【注】

15 知兵之将：懂得用兵打仗的主将。《吴子》"论将"指出，将之所慎者有五：管理、战备、果敢、警戒、简单。这五者正好与孙子讲的"智、信、仁、勇、严"相补充。

16 司命：《楚辞·九歌》"大司命"五臣注：司命，星名，主知生死（主宰人的生死）。意为命运的掌握者。

谋攻篇

谋，是谋求、谋划。攻，进攻，指主动出击的作战行为。所以，谋攻篇主要讲如何谋划进攻。战争想要达到积极的目的，就必须采取攻击行动。而进攻行动之前必须要有所谋划，所以才有谋攻之说。

关于战争的目的和本质，毛泽东在《论持久战》中讲道，"战争的目的不是别的，就是'保存自己，消灭敌人'"，"战争目的中，消灭敌人是主要的，保存自己是第二位的，因为只有大量地消灭敌人，才能有效地保存自己。因此，作为消灭敌人之主要手段的进攻是主要的"，"保存自己消灭敌人这个战争的目的，就是战争的本质，就是一切战争行动的根据，从技术行动起，到战略行动止，都是贯彻这个本质的"。①

还可以换个角度，如果视域能够超脱于具体的战斗行为之上，抽象掉具体因素，就会发现，战争的本质是以力争利。人类社会，只要人与人之间、群体与群体之间、国家与国家

---

① 毛泽东：《论持久战》，人民出版社，1975。

之间存在利益纷争，战争就难以避免。在这个前提下，如何以最低的合理消耗，去追求更大的利益，就是每一个谋划战争者应当考虑的问题。

依照战争的规律，谋划进攻的目的就是消灭敌人、保存自己，并在此基础之上尽量降低消耗，这是主将应当追求的最高目标。消灭敌人、保存自己，并在此基础之上尽量降低消耗，就是孙子讲的全胜，就是"以全争天下"，就是"兵不顿而利可全"。说得具体点，所谓谋划进攻，就是充分了解敌我双方的情况，制定适宜的战略战术，掌握战争主动权，争取保全自己、消灭敌人，以最小的成本去追求最大的利益。

【原文】孙子曰：凡用兵之法，全国为上，破国次之；全军[1]为上，破军次之；全旅为上，破旅次之；全卒为上，破卒次之；全伍为上，破伍次之。是故百战百胜，非善之善者也；不战而屈人之兵，善之善者也。

【译】孙子说，凡兴兵打仗，保存国力、军力取得胜利为上，消耗国力、军力取得胜利为下。所以，百战百胜并非最好的（因为有消耗），能够不战（不消耗国力、军力）而胜才是最好的。

【记】如何谋攻？孙子开篇便提出他的具有普适性的基本理念，即求全。求全的含义是在击败敌方、消灭敌人的同时，尽可能地避免我方的损失。孙子讲谋划进攻的目的，就是要消灭敌人、保存自己。能够以最小的消耗取得胜利，这应当是主将追求的目标。

这里的"全"，本是整个、完整的意思，此处，形容词作动词用，其含义即为"保全""保存"。而"破"，则是消耗、损坏、损毁之义。

以往译《孙子兵法》者，多将"全"译为使敌人"完整地（降服）"，这是不合常理的。因为用兵打仗，首先想到的是要战胜敌人，其次想到的是在战胜敌人的过程中我方少消耗一些。一般情况下，战场上没有任何一个主将会将使敌人完整地降服作为战略战术的出发点。产生理解上的差异，可能是受到"不战而屈人之兵"这句话的误导。所谓不战而屈人之兵，主要意思也应当是我方不产生战争消耗而使敌人降服，并非要保全敌人。

所以，孙子这里讲的"全"，应当是我方全，而非敌方全。况且，在实战中，尽可能地保全我方，这个是可以努力做到的。至于保全敌方，从何下手？这仗还怎么打？实战中不会有主将这样考虑的。所以,那种使敌人完整地降服这样的翻译是错误的,不符合战争的规律。

【注】

1 军、旅、卒、伍:古时候的军队编制单位。

【原文】故上兵伐²谋,其次伐交³,其次伐兵,其下攻城。攻城之法为不得已。修橹⁴轒辒⁵,具器械,三月而后成,距闽⁶,又三月而后已。将不胜其忿而蚁附⁷之,杀士三分之一而城不拔者,此攻之灾也。故善用兵者,屈人之兵而非战也,拔人之城而非攻也,毁人之国而非久也,必以全争于天下,故兵不顿⁸而利可全,此谋攻之法也。

【译】所以(攻击敌人有四种方式),最好的方式是破坏敌人的计谋,使敌人的计谋失效而不能应用,从而迫使敌人放弃原有的战略意图,达到不战而屈人之兵的目的。其次的方式是将军队摆出来,两军对垒,示形于敌,让敌人看到我方强大的军事实力后不寒而栗,从而表示屈服。再次一等的方式是通过战场决斗消灭敌人的有生力量。最后是攻城。攻城是最后不得已时不得不用的战法，攻城要修造掩护士兵前行的大盾和兵车，准备攻城器械，三个月才能完成。又要修筑攻城用的土山，又要三个月才能完成。攻城（久攻不下时）时主将会焦躁愤怒，驱使士兵像蚂蚁一样爬梯攀援城墙。士兵伤亡了三分之一，城还是没有攻下来，这就是攻城之灾。

所以，善于用兵打仗的主将，不用战场决斗就能使敌人屈服，拿下敌人城池不靠硬攻，灭亡敌人国家不需要久战，务求以全胜的理念争胜于天下。这样，军队不受到挫伤就能获得胜利（即保存自己、消灭敌人），这就是谋攻的法则。

【记】此段是孙子谋攻的总结。总的来说，孙子的理念是全胜，即"保全自己、消灭敌人"，取得胜利。

什么是胜利？一是使敌人屈服；二是征服敌人的意志；三是在肉体上消灭敌人。这三种结果，都可视为胜利。一般而言，胜利的结果是，有的敌人在肉体上被消灭了，有的敌人被征服了，而有的敌人则是暂时屈服。三种结果杂而有之。更多的时候，胜利方也不得不接受这样的结果。因为胜利方也面临着成本约束，他们不可能做到绝对胜利，即所有敌人都被消灭或者所有敌人都被征服。胜利多是相对的胜利，特别是从长远来看当下。

取胜的方法，兵法中讲的有伐谋、伐交、伐兵、攻城四种。事实上，这四种方法是不能截然分开的。比如，首先是及早察觉敌人意图，在敌人行动之前挫败其计谋。如果伐谋不成功，就要通过伐交、战前展示强大的实力来震慑敌人，从而使敌人屈服。如果伐交不成功，那就要展开野战，在战场上消灭敌人。如果战场决战之后，敌人仍不屈服，最后不得已就要攻城。伐谋和伐交通常情况下是联合运用，伐交往往配合伐谋。但是，如果没有伐兵、攻城的实力，很难会收到伐谋、伐交的成果。伐谋、伐交不发生战场决斗，伐兵、攻城是战场决斗，通常的情况下是不战与战并用，精神上的威慑与力量上的碾压手段并用，以战斗力的展示形成威慑，以不战的方式节约战的成本，提升胜利的收益。

孙子推崇不战而胜。不战而胜，打的是心理战，核心是攻心。

攻心，着眼点在征服，以动摇敌方军心、慑服敌方意志、力争不战而胜为标志，代价较小，是一种比较经济的方法。所以，攻心战历来为战争指挥家所重视。早在抗日战争初期，毛泽东就说，我们的胜利不但是依靠我军的作战，而且依靠敌军的瓦解。美军《联合心理作战条令》写道："考虑心理因素和进行心理作战，是一切军事活动和作战行动的基本组成部分。"

在战争初期，如果能够创造条件，利用人在对抗环境中的心理变化规律，通过大量的信息传递，瓦解敌人士气，使敌人产生一种心理上的压力，从而削弱其抵抗意志，使其精神上趋于崩溃，这无疑会左右战争的走向，达到不战而胜。

不战而胜的主要手段，是威慑屈人。战国时期，秦国在与六国对抗的过程中，也曾采用不战而屈人之兵的手段。一是派人四处游说，如张仪游说诸侯连横事秦，挑拨、放大六国之间的矛盾，炫耀秦国的强大，晓以利害，使六国分别对秦国在心理上屈服。二是杀一儆百，强力征讨某个敢于对抗的诸侯，使他国望而生畏，俯首听命。三是出动大兵压境，迫使诸侯臣服。如张仪公然威胁赵王："今秦发三将军，一军塞午道，告齐使兴师渡清河，军于邯郸之东；一军军于成皋，驱韩、魏而军于河外，一军军于渑池。约曰，四国为一以攻赵，破赵而四分其地。是故不敢匿意隐情，先以闻于左右。臣切为大王计，莫如与秦遇于渑池，面相见而身相结也。臣请案兵无攻,愿大王之定计。"① 赵王被张仪言辞所慑服,不得不主动提出割地求和。

心理战的手段,主要有威慑、恐吓、震撼、袭扰等,基础是我方实力——雄厚的经济实力、强大的军事压力、有利的战略态势、优良的武器装备,以及坚定的战斗意志等。

通过心理战实现不战而胜,最大的好处是,如果你能够引而不发、长期保持优势的战略地位,别人不仅不会想攻击你,还会千方百计地靠近你,甚至加入你。而通过严酷的战争取胜,胜利只是暂时的,血与火的教训会埋下的仇恨的种子,冤冤相报,何时了?

当然,不战而屈人之兵,是理想化的安排。更多的时候,时间不等人,时机不待人,问题还是要通过战场决斗来解决。孙子讲的攻城之灾,绝非虚言。战局到了攻城阶段,敌我之间,易守难攻,敌人不仅有城墙屏障,还有心理屏障。敌人龟缩进城,只有一个感受,就是死到临头,战是死,不战是死,越害怕,越绝望,抵抗越顽强,"困兽犹斗"。中外历史上均有经典战例,如十二世纪萨拉丁进攻耶路撒冷,十三世纪宋蒙钓鱼城之战,都可称为攻城之灾。

---

① (汉)刘向:《战国策》,上海古籍出版社,2015。

【注】

2 伐：打击。

3 交：交兵。即两军对垒、引而不发的态势。曹操此处注：交，将合也。即两军相对摆好阵势、准备战斗时的状态。"军争篇"中"交和而舍"，曹操注：两军相对为交和。"行军篇"中"若交军于斥泽之中"，此"交军"意指两军遭遇，彼此对垒于沼泽之中。

4 橹：大盾，攻城时士兵顶在前面屏蔽城上射来的箭矢。

5 轒辒：攻城用的兵车。

6 距闉：在敌方城墙前构筑的高于敌方城墙的土山，目的是压制敌方城墙上的士兵，掩护己方士兵攻城。

7 蚁附：像蚂蚁一样攀附在城墙上（爬城墙）。

8 顿：通"钝"，疲惫、受挫。

【原文】故用兵之法，十则围之，五则攻之，倍则分之，敌则能[9]战之，少则能逃[10]之，不若则能避之。故小敌之坚[11]，大敌之擒也。

【译】所以，用兵打仗的法则，如果有十倍于敌的兵力，就要包围敌人；如果有五倍于敌的兵力，就攻击敌人；如果有两倍于敌的兵力，就要想办法分而击之；如果和敌人兵力相当，就要想办法寻找战机、战胜敌人；如果兵力比敌人少，就要想办法骚扰、惊扰、挑逗敌人，寻求战机；如果实在打不过，就要想办法摆脱敌人；如果各方面均不如敌人，就要想办法避免和敌人交战。弱小的一方如果坚守硬拼，就会成为强大一方的俘虏。

【记】如何做到"兵不顿而利可全"？孙子的回答是，保持战斗力数量方面的优势。

战争是力量的对决。战争是残酷的、最为现实的。决定战场决斗胜负的，是此时此地敌我双方的力量对决。你实力再强，武器库里的子弹再多，战场需要时没有运上去，也是枉然，甚至会成为敌人的战利品。所以，决定战场胜负的，是实力乘以机动能力。有实力，才会有筹码可用；有机动能力，才能将实力部署在最需要的地方，在战场上克敌制胜。

如何用兵？自己的实力是一切的出发点。战场谋划，一切以自己的实力为基础，量力而行。如果力量十倍于敌，就想办法将敌人包围起来，聚而歼之。如果力量五倍于敌，就发起进攻，消灭敌人。如果力量两倍于敌，就采取分割包围、逐渐蚕食的策略。如果力量和敌人相当，就要在对峙中寻机歼敌。如果力量明显弱于敌方，就要避免与敌正面对战，想办法在机动中寻找机会。如果力量明显小于对方，还要一门心思地寻敌决战，结果就是失败、被歼灭。孙子这段话，只是站在力量这一个维度，分析对敌的策略。

毕竟战场决战，是血淋淋的现实，人们从中获取的经验教训至为深刻。后来军事战略战术的发展在这方面取得了明显的进步，突破了孙子这段话的思想范畴。战前的谋划、战略战术，有一个总的原则，大意是孙子"致人而不致于人"的思想原则。具体的战略战术安排，应当是以我方取得行动自由、限制敌对方行动自由为中间目标。所谓中间目标，就是达到最终目标（取胜）的重要阶段。博福尔在《战略入门》中讲，任何作战的决定，都应当在时间，空间，以及所能达到空间的兵力大小、精神因素（士气）等三个坐标内相机抉择。[1] 他认为，一切行动的目标就是行动自由，就是我方获得行动自由、

---

[1] 安德烈·博福尔：《战略入门》，军事科学院外国军事研究部译，军事科学出版社，1989。

敌方丧失行动自由。当然，行动自由是我方保持主动、主动作为的结果。如何作为？

一是战场安排，即力量的合理分配使用。有多少可以运用的兵力？如何使这些兵力发挥出最大的战场效果？孙子的这段话可供参照。通过战场机动，在一个理想的空间内，至少集中相对于敌人五倍的兵力，确保击败敌方。然而，在敌我双方实力相当的前提下，如何做到这一点？

二是使用阴谋诡计。诱使敌方失去平衡，迷失方向，露出破绽。如果我方实力明显弱于敌方，只有争取以时间换空间，在敌方兵力较为分散的时刻进攻，才有可能战场取胜。

当然，上述方案都是建立在我方可以自由选择，即行动自由、掌握战场主动权或者部分主动权的基础上。一般而言，战争应当是简单直接的，集中兵力，打击敌方的主要兵力，在主战场决战中取胜。这是惯常的做法。当双方力量相当时，就考验将领的谋略和行动能力了：如何诱使、迫使敌人分散兵力，如何制定奇袭方案，使敌人措手不及，通过打击敌人弱点取得胜利。当我方力量弱于敌方时，上述做法就是一项明智的决策，如我党早期的游击战略。敌进我退，敌退我扰，战略上以一当十，战术上以十取一等，都是经验之谈。当然，如果我方实力明显大于敌方，不战而屈人之兵，采取威慑战略，也是一项极为明智的选择。量力而行，就是有多大的力量干多大的事。当然，这要动态地看。能够保证决战时点上我强敌弱，原则上就可以一战。

总之，孙子谋划的胜利，可分为几个等级。一级是伐谋，从心理上震慑敌人，不战而屈人之兵。二级是伐交，示强震慑敌人，使其不敢与我方作战。三级是兵力三至五倍于敌时轻取而胜。四级是兵力两倍于敌时力战而胜。五级是强攻而胜。六级是久围而胜。起决定作用的是实力，实力对比是基础，是选择战略战术的根本。

孙子还谋划了一个进攻的步骤。首先是从谋略上攻击敌人，绝其所恃，动摇其信心，束缚其手脚，以达到不战而胜的效果。其次战前示强以威慑敌军，动摇敌军作战的信心。最后是找到敌方的弱点和破绽点，准确打击，以多击少，以强击弱，使敌疲于奔命。不到万不得已，不做"杀敌一千、自损八百"的事。

从今天的情况来看，这种战略进攻的步骤和方法，已经深入中国人的骨髓。在一些发育比较成熟的社会网络中，人与人之间的明争暗斗，往往就是按照这种步骤设计来的，一般情况下是"止于攻城"。大家彼此斗心眼,力争能够不战而胜,除非急了眼,很少真刀实枪地干。

总的来讲,如果我方力量远大于敌方,采用威慑手段,达到不战而胜的可能性就比较大。如果我方力量与敌方相比不具明显优势,可以通过比如政治、外交、经济等途径,袭扰敌方的弱点,给敌方形成间接的压迫,以争取我方的主动。战争手段的运用,主要着眼于使敌人在精神上和物质上陷入双重麻烦,进而丧失抵抗的意志和能力,其指导原则是以最小的代价获得最大的胜利(利益)。

【注】

9 能:乃。见杨树达《词诠》。此处"敌则能战之,少则能逃之,不若则能避之",与"虚实篇"中的"敌佚能劳之,饱能饥之,安能动之"中的"能",不是能够的"能",而是"乃"之义。

10 逃:即挑,骚扰、惊扰、挑逗之意。

11 坚:坚持,硬杠。

【原文】夫将者,国之辅[12]也,辅周则国必强,辅隙则国必弱。故君之所以患于军者三，不知军之不可以进而谓之进，不知军之不可以退而谓之退，是谓縻[13]军。不知三军之事而同三军之政者，则军士惑矣；不知三军之权而同三军之任，则军士疑矣。三军既惑且疑，则诸侯之难至矣，是谓乱军引胜。

【译】统兵的主将与国君唇齿相依，国君与主将能够互信互赖则国强，不能互信互赖则国弱。所以国君有三种行为会祸害军队（即降低军队的战斗力）：不知道军队不可以前进的时候命令军队前进，不知道军队不可以后退的时候命令军队后退，这叫作牵制军队（即不能放手让军队根据战场情况相机而动）；不知道军队的内部事务而插手干涉军队的行政，军官和士兵们就会迷惑不解；不掌握战场情况、不知道用兵的权谋而干涉军队的战场指挥，将士们就会产生疑惑。军队既迷惑又疑惑，列国诸侯就会乘机发难。国君的这种行为就叫作搞乱自己的军队，为敌人创造了胜利的机会。

【记】孙子认为，国君身居在朝，如果过多干预前方军事活动，就会产生严重后果。他列举了三种情况：一是单凭主观意志，遥控指挥军事活动；二是不了解军队管理的特殊性，干预军队的行政事务；三是不懂得用兵的权宜机变，直接干预军队的战场指挥。结果就是扰乱军心和军队的行动，自取灭亡。孙子接下来讲"将能而君不御者胜"，意思就是授予前方主将的战场指挥权，军中之事皆听命于将，国君不加干预。孙子认为这是取胜的必要条件之一。

国君是第一责任人，是决定战与不战庙算活动的主持人，是战争活动的最高主体。主将"受命于君"，是用兵的主体。主将对国君负责，实施战争指挥、相机决策。《孙子兵法》多次强调主将的重要性，"知兵之将，生民之司命，国家安危之主也"。在国君与主将的关系上，孙子认为应当以"战道"，即遵循战争规律来处理国君与主将之间的关系。主将责任是做到"兵不顿而利可全"，国君则要"将能而君不御"，避免出现导致"乱军引胜"的縻军、惑军、疑军之行为。如果国君事无巨细都要亲自过问，甚至包揽一切取代主将亲自指挥，必然会极大地妨碍主将主观能动性的发挥，使主将失去必要的威信和战场主动权，导致"乱军引胜"。所以，孙子一方面主张"将受命于君"，对国君负责，使军队的领导权掌握在国君手中；另一方面，孙子强调"君命有所不受"，作战的指挥权应当由主将掌握，国君不得乱加干预。总的来讲，处理国君与主将关系的基础是，遵循战争规律，一切以争取有利战场形势、以打胜仗为目的。当然，这只是理论上的认识。

【注】

12 辅：《左传》僖公五年载，宫之奇劝阻虞公，引用古谚"辅车相依，唇亡齿寒"。意思是，颊骨和齿床互相依靠，嘴唇缺了，牙齿便受冷寒。辅的意思是辅木与车轮相互依赖、相依无间。即国君与统兵的主将互信互赖。

13 縻：縻，牛辔，牵制、控制、束缚之意。

【原文】故知胜[14]有五：知可以战与不可以战者胜，识众寡之用者胜，上下同欲者胜，以虞[15]待不虞者胜，将能而君不御者胜。此五者，知胜之道也。

故曰：知彼知己者，百战不殆[16]；不知彼而知己，一胜一负；不知彼，不知己，每战必殆。

【译】所以，有五种情况可以预见胜利：（根据事先的算计）能够清楚地知道（什么情况下）可以战或者（什么情况下）不可以战者胜；能够知道如何排兵布阵形成战场上对敌兵力优势的胜；国内、军中同心协力者胜；以有准备对待没有准备的胜；主将有能力而国君不加干预者胜。这五种情况，就是事前预见胜利的方法。

所以说，知彼知己，百战不殆。不知道敌人只知道自己的情况，胜败可能各半。不知道敌人也不知道自己，每次战斗都很危险。

【记】孙子认为，战争胜利建立在事先对敌我双方情况的充分了解基础之上。只有在战前就全面掌握敌情、我情，才有可能对双方的优劣短长进行综合比较，并据此做出战略战术安排。在战争过程中，也要不断获知敌方和我方的最新情况及各种变化，据此对既定的战略战术做出相应的调整，如此才能战场取胜。

知己，知道自己方面的战斗力量分布活跃（即时）状态；知彼，可以直接掌握敌方力量运动变化的精准信息。如此可以做到，对敌方力量进行精准打击，起到"四两拨千斤"的效果。反过来看，如果不知彼，则有劲也使不出。所以，谋划进攻的战略战术，前提和基础是知彼知己。这需要做好功课，下足功夫。只有做到了知彼知己，军事力量才能有明确的目标和方向，只要战场机动能够跟得上，大概率能打胜仗。

知彼靠调查研究，集中多种信息，天天琢磨不间断。粟裕讲战前侦察。一是察明敌情。要了解敌人的组织状况如何，哪儿的队伍，哪儿的长官；了解敌人的官兵关系，内部存在什么矛盾；了解敌方指挥官的个性和指挥能力；了解敌方指挥部的位置,哪里是他们的要害和弱点。二是侦察和熟悉地形。三是调查社会政治情况和风俗民情。知彼，靠侦察，靠用间，靠试探，靠诡诈。当前先进的信息技术手段，使知彼便利了许多。

人性的弱点之一是容易把自己的优点转换成客观现实，借以激励自己和部属。这样极易陷入过度自信和自以为是。所以，清醒地认识自己是非常重要的。如何知己？林彪在《怎样当好一名师长》的文章中讲，为将者要勤快，不勤快的人办不好事。凡是自己能够亲手干的事，一定要亲自过目，亲自动手，他说指挥员切忌懒，懒会带来危险，带来失败。此外，还要摸清上级意图，只有摸清上级意图，才能充分发挥主观能动性，打破条条框框，决心强，决心狠，敢于彻底胜利。

《唐太宗李卫公问对》中有这样一段话：夫攻者，不止攻其城、击其陈而已，必有攻其心之术焉。守者，不止完其壁、坚其阵而已，必也守吾气而有待焉……夫攻其心者，所谓知彼者也；守吾气者，所谓知己者也。谋攻不仅是谋划攻城，首先要谋划攻心之术。防守不仅是坚固城池阵仗，首先是使队伍的士气不受影响（守气）。攻心的前提是知彼，守气的前提是知己。《孙子兵法》中所讲的"先为不可胜"者，就是知己的人；"以待敌之可胜"者，就是知彼的人。李靖对兵法的解读，由表及里，由具体而抽象，深得兵法之精髓，乃名将风范。

知己知彼，研究别人，同时也要研究自己。研究别人比较容易，研究自己比较难，主要是研究自己时，不免会夹杂立场问题，少不了有利益纠葛。如果领导人自己有偏好（弱点），下面的人曲意逢迎，很容易自己搞不清楚自己的状况。所以，知己有时也挺难的。一是靠制度规范，要建立规矩、守规矩；二是靠亲力亲为；三是靠上下左右交流沟通；四是靠亲随耳目；五是靠练士选锋。此外，战争的目标要明确，一定要围绕目标来寻找手段、设计方法。明确战争的目标，也是知己。

刘伯承说，五行（任务、敌情、我情、地点、时间）不定，输得干干净净。他认为，"五行"中任务是中心，强调以任务为中心考虑研究其他四个因素，部署作战任务必须明确。任何一级指挥员，首先必须明确自己承担的作战任务，同时给下级部署的任务要十分明确。刘伯承认为，指挥员为了给部属争取行动的时间，应力求早明了任务、早下决心、早发命令。还必须对接受任务的部队的执行和理解的情况进行认真检查、落实，一旦发现问题，立即纠正。敌情是重点，研究打胜仗的方法，应首先研究敌人的特点。要弄清敌情，必须重视侦察工作。注意搜集有关敌军的资料，以求对敌军的企图、兵力、部署、装备和行动了如指掌，对敌军主官的出身、地位、个性、派系和作战特点都基本掌握。我情更重要，只有熟知自己所带部队的长处和短处，才能正确地使用、充分发挥自己的力量。要避免使队伍承担超越其能力和水平的任务。《司马法》说，用其所欲，行其所能，废其所不能。刘伯承的意思是，围绕目标任务，做到知己知彼。此外，还要知敌我双方交战的特定客观环境，主要是地形和时间。时间和任务是有机联系在一起的，在明确任务时，必须把部队开进、驻止、集结的时间，出击、撤退的次序作为重要环节弄清楚。对于时间的战术运用，要结合天候一起考察，刘伯承认为不能把时间单纯地理解为年月日，而应当把时间同白天黑夜、雨雪阴晴、严冬酷暑等天候联系起来，从中发现有利于己、不利于敌的有利战机。

知是智的基础。知彼知己，是战前谋划必备的功夫。

【注】

14 知胜：预见胜利。

15 虞：准备。

16 殆：危险。

形篇

《孙子兵法》前三篇，即"计篇"、"作战篇"和"谋攻篇"，讲的是战略问题。接下来的三篇，即"形篇"、"势篇"和"虚实篇"，主要是讲述战争艺术的，具体来说就是一般情况下战场决胜时的用兵之道。此三篇前后连贯，严格地讲不能分开理解，以免断章取义。

需要专门强调一下。作战指挥应当贯彻实力制胜的原则。孙子尚智，其兵法有着深厚的智胜色彩。受此影响，我国兵学，包括研究斗争的理论，具有偏好谋略制胜的特色和传统。但是，如果不是基于实力制胜的原则，单纯地讨论智谋，有可能会走向不负责任的轻浮之论。牢记实力才是战场取胜的基础，一切智谋讨论应当以实力为基本的出发点。

总的来讲，形是军事力量客观存在的状态，军形的塑造取决于战前军事力量的部署。而势，则是军事力量的运用。塑形与造势，即战前的兵力部署与战时的兵力运用，目的是在战场决胜时避实击虚、以实击虚，取得胜利。

军形似水。宫本武藏《五轮书·水之卷》讲，人的精神如同水一般，水可以随容器的形状改变自己，有时候像小溪般潺潺流动，有时候却像怒吼的波涛。战前的兵力部署也应像水一样，因敌而变（形），以克敌制胜。临敌之时，如何科学安排部署展示我方的军事力量？简单地讲，就是把兵力集中在应该集中的地方。"形篇"循序渐进，主要讲述了三种"形"（即三种兵力部署形态）：不败之形、易胜之形和必胜之形。

【原文】孙子曰：昔之善战者，先为不可胜，以待[1]敌之可胜。不可胜在己，可胜在敌。[2]故善战者，能为不可胜，不能使敌之可胜。故曰：胜可知而不可为。不可胜者，守也；可胜者，攻也。守则有余，攻则不足[3]。善守者，藏于九地之下；善攻者，动于九天之上。故能自保而全胜也。

【译】孙子说，从前会用兵打仗的人，先要营造出不可能被敌人战胜的局面，然后等待可以战胜敌人的机会。营造不可能被敌人战胜的局面，主动权在我。而有没有战胜敌人的机会，主动权却在敌人（就要看敌人给不给这样的机会）。所以，那些会用兵打仗的人，能够做到自己立于不败之地，却无法做到一定能战胜敌人。所以说，可以知道在何种条件下能获胜，但无法凭主观愿望制造出来一个胜利。使敌人无法战胜我，靠的是防守。而想办法战胜敌人，靠的是进攻。一般情况下，进攻比防守需要投入更多的兵力，（同样的兵力）防守则有余，进攻则不足，所以对敌力量不足时要想着防守，力量有余时就要想着进攻。防守要力求深密，使敌人无机可乘；进攻要充分机动，使敌人无从防备。做到这些，就能够消灭敌人、保存自己。

【记】孙子所谓"为不可胜"之形，就是不败之形。

孙子此处的大意是，善战的将领总是先营造自己不可战胜（不败）的局面（形），然后等待敌人露出破绽、可以战胜的时机。营造不败之形的主动权在我不在敌，（敌人露出破绽，可以）战胜的主动权在敌不在我。优秀的将领能够做到自己不败，不能使敌人必定被战胜。所以说，战场胜利可以预见（提前知道），但不一定能够主动做到。

使自己立于不败之地，主要是防守；要想战胜敌人，主要是进攻。力量不足时就要想着防守，力量有余时就要想着进攻。

善于防守的，好像潜伏在深不可测的地底，让敌人发现不了可以进攻的地方。善于进攻的，好像突然从天空降临，让敌人无法抵抗。合理地安排部署兵力配备，就可以保存自己的力量，抓住战场获胜的机会。优秀的将领，能够立于不败之地，寻找并抓住可以战胜敌人的机会。接敌之先，应当积极地整理筹备，为不败之形。做到不可胜，就是知己；待敌之可胜，就是知彼。知己知彼，百战不殆。

一定要积极地正面应对挑战。人性弱点之一是趋利避害，这一弱点驱使人们学习如何通过躲避、逃离来保证自己的安全。如果心神被这些所牵制，就会受制于人，被人牵着鼻子走。所以说，接敌之初，应当积极主动地准备。消极躲闪逃避强敌的结果，是与耻辱相伴。积极主动地准备，仅限于我方内部，不意味着对敌采取什么行动。除了争夺、占据战略要地，立于不败之地的最佳策略是闭迹藏形，一动不如一静。不动，就不会露出破绽，不会给敌人以可乘之机。我不动，居常严备，敌人无法测度而试图测度，就可消耗敌人，制造使敌人犯错误的机会。

战争临近，除非力量上有绝对、压倒性的优势，否则先发制人一般情况下不可取，奇袭除外。不过，这要看奇袭的效果，如果奇袭的效果能够改变敌我力量对比出现趋势性的逆转，倒也可以一试。如果达不到这样的效果，就要慎重。所以，面对强敌，首先是做好自己该做的事、能做的事情，凡是自己努力能够达到的，有利于我方力量运用的，有利于弥补我方漏洞的，就要争取做到。孙子的思想是，我先把自己的防线扎牢，立于不败之地，再看敌方有无可乘之机。然后是等待敌人露出破绽的机会。敌方也有其独立意志，再高明的将领，也只能管住自己、管不住敌人，敌方的军力配备、军事行为事先无从确定。敌方是否露出破绽，很大程度上取决于敌方而非我方。若施诡道以诱敌，有时反而会被敌方反制，不可过分依赖。所以说，战争是机会的领域，要看敌人会不会犯错误，给不给我方可乘之机。

攻与守的问题，善战者必须攻守兼备。善守者能自保，善攻者能全胜。攻与守平行发展，彼此互相依赖、交相为用。《纪效新书·守哨篇》讲："兵法：'攻是守之机，守是攻之策。'自古防寇，未有专言战而不言守者，亦未有专言守而不言战者，二事难以偏举。"[①] 克劳塞维茨说，一般认为，攻者强，守者弱，其实相反。按照战争的规律，攻者至少需要有两倍于敌的战

---

① （明）戚继光：《纪效新书》，中华书局，1996。

斗力，而守者，实力稍弱也能固若金汤。但是，攻守各有其妙。守，则可尽观敌形，有利于判断战场下一步走势；而攻，则可示形于敌，打击敌人的士气。事实上，攻守之间，哪个有余，哪个不足，兵力多少是个硬约束，但有时候关键还要看主动权在谁。不过，战场形势瞬息万变，主动权随时都有可能转移。所以，攻守易形，有时也是瞬间的事儿。

孙子的思想是简单明确的。一是没有搞清楚状况之前，先为不败之形。扎好防线，做好准备，等待时机。二是等待敌方露出破绽后，察觉破敌之机，先胜之机，据此调兵遣将，在决胜点上形成我方压倒性优势。战场谋划，生死攸关，容不得半点冒险。因此，先为不败之形，立于不败之地，从容面对挑战，是善战者的不二选择。

总的来说，先为不败之形，相对容易做到。

【注】

1 待：战场决胜，必须要待机而动，等待时机出现是极深的学问。范蠡说："时不至不可强生，事不究不可强成。"如果时机不成熟、条件不具备，就不能强求胜利。一是要冷静观察敌情变化，如态势、策略、战术等；二是要耐心等待。刘伯承讲，一定要耐心细致，准确及时，一念之差会死很多人，甚至影响战斗的成败。三是在看似被动等待中做好最终赢得主动权的准备。四是条件成熟后（林彪说综合要有70%的把握），坚定果断，决心一下，就要坚定不移。

2 不可胜在己，可胜在敌：战争是一种敌我双方相对的行动。战争一定会有敌我两面，敌我双方各有其独立的意志。也就是说，战争中任何一方所能确定的只是他自己方面的行动，而敌对方的行动则是无从确定的。所以说，战争是机会的领域。机会不来，不可轻举妄动；机会来了，绝对不可错过。

3 守则有余，攻则不足：此句话有两种版本，一是"守则有余，攻则不足"，二是"守则不足，攻则有余"。第一种版本的含义是，同样的兵力，用于防守则有余，用于进攻则不足。第二种版本的含义是，因为兵力不足所以采取防守策略，因为兵力有余所以采取进攻策略。无论采用哪个版本的说法，其表达的意思是相同的。即如果对敌时力量不足，就要想着防守；如果对敌时力量有余，就要想着进攻。此处采用汉竹简本《孙子兵法》中的"守则有余，攻则不足"。

【原文】见胜不过众人之所知，非善之善者也。战胜而天下曰善,非善之善者也。故举秋毫[4]不为多力,见日月不为明目,闻雷霆不为聪耳。古之所谓善战者,胜于易胜者也。故善战者之胜也,无智名,无勇功[5]。故其战胜不忒[6]。不忒者,其所措必胜,胜已败者也。故善战者,立于不败之地,而不失敌之败也。是故胜兵先胜而后求战,败兵先战而后求胜。善用兵者,修道而保法[7],故能为胜败之政。

【译】预见胜利,和一般人一样,算不上高明。打了胜仗,天下人都说好,也不是高明中的高明者。这就像举起秋天的毫毛算不上力大,能够看见日月算不上眼睛好,能够听见雷声算不上耳朵灵一样。古时候善于用兵打仗的人,都是在容易取胜的情况下同敌人决战然后战胜敌人的。所以,善于用兵打仗的人,他取得了胜利,既听不到他智谋的名声,也看不到他勇武的表现。因为他战场取胜是确定无疑的,他有把握取胜的情况下才与敌人决战,他的胜利建立在必胜的基础之上,他所战胜的敌人是已经处于败局之中的敌人。所以,善于用兵打仗的人,总是使自己立于不败之地,同时又不会放过任何可以战胜敌人的机会。所以,战场取胜的军队,总是在胜利的条件已经具备、有把握取胜的情况下才同敌人决战。

而战场上打败仗的军队，总是匆匆忙忙地同敌人作战，然后期求侥幸求胜。善于用兵打仗的人，总是修不败之道、持制敌之法，所以他能掌握战场胜败的决定权。

【记】此段的大意是，和大家一样预见胜利，不算高明；战场取胜获得大家称赞，也算不上高明。就像举起可以轻而易举之物不算有力气、能够看见日月不算眼明、能够听见雷声不算耳聪一样。做到了常人都能做到的，算不上是高明之士。从字面上的意思来看，孙子说的是，大家都能做到的事情算不上稀奇。

实际上，战场决胜，大家都能看到的机会，还是机会吗？当然不是的。只有大家没有看到，而你看到了，这样的机会才是真正的机会，这样的机会才会带来战场主动权。善于用兵打仗的人，他能够发现别人发现不了的机会，把握住别人把握不住的机会。真正高明的人，能够在敌对势力没有形成之前，就发现并将其消灭，高明的人总是能够将敌人消灭在萌芽状态。所以，真正高明的将领，胜于未萌，天下不知，故无智名；兵不血刃，敌人已降服，故无勇功，不被世人知晓。因为他可以见危于无形、见祸于未萌，有先见之明，他总是能占据先机，在敌对势力还弱小时，就择机而动，很轻易地就能获取胜利。

高明的将领总是能够立于不败之地，抓住敌人的破绽，克敌制胜。所以能够获取战场胜利的军队，总是有了胜利的把握以后才去战场决战；而那些战场失败的军队，总是匆忙投入战场决战希望侥幸获胜。善于用兵的人，修为胜之道，持制敌之法，将战场胜利牢牢地掌握在自己手中。

易胜之形，不易理解。下面试着通过名医扁鹊论医术的故事来阐释。一次，魏文王问扁鹊："你们家兄弟三人，哪一个医术最高？"扁鹊回答："长兄最高，仲兄次之，我最差。"魏文王接着问："为什么？"扁鹊说："我长兄治病，是在病症还未表现之时就把病治好了，所以他的医术只有我们家人才知道，他的名气根本传不出去。我仲兄治病，是在病情初起时就把病人治好了，一般人以为病人得的只是小病，所以他的名气也不大，只有本地人才知道。我扁鹊治病，是在病情严重后才治，别人见我割肉切骨，动作颇大，就认为我医术很高明，我也因此而闻名于天下。其实，比起长兄与仲兄来，我的医术最差。"所谓"上医治未病"，类同主将修置易胜之形。

功业成败在人才，人才高下在见识。为将者，识大于才。

善于发现别人没有发现的可乘之机，这是为将者最为重要的品质，也是为易胜之形的前提。孙子是智慧的。他讲，通过苦战获胜的将领，威名赫赫，世人都说其英勇善战，其实不是最好的。那些能够见微知著，取胜于无形，才是真正精通用兵之术的高明将领。那些通过战场搏杀，血战获胜的，其胜利不易，是谓胜难。而那些能够及早发现制胜之机，破敌于未形的，其胜利容易，是谓胜易。所以善战者，当用兵于胜易，不得已的情况下才用兵于胜难，即战场血拼。

胜于易胜者才是真正的善战。事先做好周密考虑，正确判断，妥善部署，处处占领先机。虽表面上没有见智见勇，实际上这一切正是大智大勇的结果。看似寻常非平常。胜在一时，更在平日。先为不可胜之形，以待敌之可胜之机。从不可胜之形，到易胜之机，关键是主将能否料敌先机。判断要准确，时机不能错过。一旦有机可乘，就迅速部署易胜之形，果断出击。《尉缭子·攻权》讲：兵不必胜，不可以言战；攻不必拔，不可以言攻。不打无把握之仗，就是胜兵先胜而后求战。即察觉敌方可胜之机，安排部署易胜之形，克敌制胜，将战场胜利主动权牢牢握于自己手中。

【注】

4 秋毫：指鸟兽在秋天里长出的新毛，用来比喻轻微的事物。

5 无智名，无勇功：汉简本此处为"无奇胜，无智名，无勇功"，多了个"无奇胜"。想必是后来抄写《孙子兵法》者认为"形篇"的"无奇胜"与接下来势篇的"以奇胜"矛盾，删掉了，这是误会。孙子的原意是讲，善于指挥作战的将领，战前就能取得对敌的压倒性优势，不需要巧计多谋、勇猛战功。言下之意是，军事准备要固本强基，军事实力建设应当置于重中之重的位置。未战之时，做好军事斗争准备，一心一意做好军事实力建设，力争取得对敌的压倒性优势，不能对战争期间的投机取巧心存侥幸。功夫都在日常点滴中。

6 忒：错误，差错。

7 修道而保法：这句话的解释历来分歧很多。根据"形篇"上下文，可知"修道而保法"指的是：首先是如何使自己立于不败之地，其次是如何抓住克敌制胜的机会。套用"形篇"的意蕴，"修道而保法"承上启下，意指，先为不败之形，再为必胜之形。

【原文】兵法：一曰度，二曰量，三曰数，四曰称，五曰胜。

地生度，度生量，量生数，数生称，称生胜。故胜兵若以镒称铢[8]，败兵若以铢称镒。胜者之战民[9]也，若决积水于千仞之豀[10]者，形也。

【译】兵力部署要考虑五个连贯的步骤：一是度，二是量，三是数，四是称，五是胜。因为战争是在地面上打，所以排兵布阵要以战场地理为基础。度是对地形做全盘了解，对战场地形的险易、广狭、死生等情况进行考察，做出利用地形的判断。量是根据对地形的了解来推测战场不同空间对兵力的容量。数是根据战场（兵力）容量的大小，估计敌我双方可能部署的兵力数量。称是根据敌我双方可能投入战场的兵力数量，进行双方兵力的对比、衡量。胜是根据对双方可能投入兵力的对比、衡量，预先判断战争的胜负。所以，战前兵力部署数量的对比可以预测战争胜负。胜利的一方在兵力对比上好比是以镒称铢，处于绝对优势地位；失败的一方在兵力对比上好比是以铢称镒，处于绝对劣势的地位。胜利的一方驱使军队投入战斗（即战前的兵力部署），先要把兵力集中部署在决胜点上，制造必胜之形。打仗的时候胜利一方的军队就像从数千尺的高处决开的积水一样冲向敌人，其势勇猛不可阻挡。这就是兵力部署所要达到的目的。

【记】《孙子兵法》行文中常用比喻。受当时社会知识水平所限，孙子没有建立起严密的逻辑来表达他丰富的思想，而是借用比喻将他所要表达的内容衔接起来。孙子的语言提供了一个想象空间，让读者在想象中完成对兵法的理解。孙子常用水来比喻军形，是非常恰当的。因为水的外形柔软，可以根据周围的情况不断地改变形态，同时还蕴含着巨大的力量。

这段话非常重要，是本篇的结论，提出了战前兵力部署的总原则，即以镒称铢，在决胜地点上形成对敌兵力的压倒性优势。

度、量、数、称、胜，有人解释为双方国力的比较，应该是不正确的。因为对具体的一场战斗来说，决定胜负的只是投入战场、正面决战时双方实力的对比。"形篇"所要解决的问题，就是如何在正面对敌时形成我多敌少、我强敌弱局面的问题，也就是战时兵力部署的问题。

排兵布阵、塑造军形中最难的是必胜之形。不败之形重在防守、防备。易胜之形是难者不会、会者不难，更多的是传说。操作上难度最大的，也是几乎所有战争都要经历的、都要接受考验的，是必胜之形。必胜之形是个什么样的形？应是在战场决斗的同一时间空间上，我方力量有压倒性优势之形。

首先，是战场的选择。战场有时是可以选择的，有时是不可以选择的。理想的状况是可以主动选择战场。这是部署必胜之形的前提。排兵布阵基于战场的选择。

其次，根据战场地形的险易、广狭等情况，估计战场容纳度、兵力容量，再根据敌方可能投入兵力的情况，确定我方兵力配置，做到地与兵相称，确保在战场正面接触力量对比上我强敌弱。

只有形成在决胜点上我方的压倒性优势（三至五倍于敌），惯用牛刀杀鸡，才是取得胜利的保证。

战场兵力部署和调遣的关键是形成决战点上的压倒性优势，也就是必胜之形。杀鸡就是要用宰牛刀。怎么能够形成在会战地点上的压倒性优势，就怎样去准备，调兵遣将。善用兵者，一定要速决，只有敌我双方力量对比中我方形成压倒性优势，才能确保速决。

归根结底，形胜在己不在敌，否则兵法战策就没有意义了。

然而，小不能谋大，弱不能击强，近不能袭远，夷不能攻险。牢记不能超越客观条件的限制企求胜利。

【注】

8 以镒称铢：镒与铢都是古代的重量单位。一镒为二十四两，一两为二十四铢，所以一镒为五百七十六铢。以镒称铢比喻双方军队数量（兵力）极其悬殊，如此兵力对决，战场胜负一目了然。

9 战民：即士兵、军队。

10 谿：溪。

勢篇

后人解《孙子兵法》,莫不受困于对"势"的理解。可能是因为用现代汉语中的词语很难准确表达出孙子构造的"势"的含义,所以很多对《孙子兵法》中"势"的解读,有一种只可意会、不可言传的无奈在里边。如果非要用现代的语言描述"势"的含义,我觉得,孙子所谓的势,是一种敌我对垒时我方力量大、方向准,对敌具有强大冲击力的状态。这一状态由主将造就。而造势,从某种意义上讲,是对军事力量的驯服,让其集中在事先构造好的特定时间空间中某一点上,若发,则势如破竹,取得完胜。

战争的本质是力量的角逐,战争的目的是以我方力量迫使敌方屈服。所以,战争的胜败,取决于如何驾驭我方的军事力量。具体到战场决斗,就是能在恰当的战场时空中集中力量于关键点,取得对敌的必胜之局面(势)。事实上,形与势原本是一个问题的两个角度,静止地看军力配置便是形,动态地看军力配置便是势。或者说,形是军队的静止状态,势是军队的运动状态。形离开势的要求,便无意义;势离开形也无法成立。形与势原本是一回事。如果非要分开说,势是指军事力量(形)的运用,以及由此形成的对敌战时的态势。

【原文】孙子曰:凡治众如治寡,分数[1]是也。斗众如斗寡,形名[2]是也。三军之众,可使毕[3]受敌而无败者,奇正[4]是也。兵之所加,如以碫[5]投卵者,虚实是也。

【译】孙子说,治理人数众多的军队如同治理人数少的军队,这是军队组织编制所要达到的目的。指挥人数众多的军队作战如同指挥人数少的军队作战,这是指挥系统所要达到的目标。使军队对敌人实施的所有战术都有适当的应对措施,做到不败,这是战场斗法奇正运用所要解决的问题。向敌人发起进攻,如同以石击卵,所向披靡,这是虚实所要解决的问题。

【记】孙子这段话,讲述了战斗力的形成,也就是临敌之势的形成需要把握的四个关键环节,即组织编制、指挥系统、战法和进攻目标的选择。组织编制解决的是将众人组织起来，指挥系统是保证众人运动有序。只有组织编制合理、指挥系统高效，才能做到"使众人如一人"；只有善用奇正、机动灵活，才能把握战场主动权；只有正确选择进攻目标，才能做到以实击虚，收到应有的效果。这四个环节，有其内在的逻辑联系。组织编制是基础，指挥系统是神经网络，在这二者的基础上，主将才能谈得上善用奇正、灵活机动。而善用奇正的目标，就是要在战场上寻找战机，达到避敌之实击敌之虚、以我之实击敌之虚的目的，最终战胜敌人。既然最终目的是战胜敌人，战胜敌人的前提是避实击虚，而做到避实击虚的方式是奇正的运用，灵活运用奇正的前提是良好的组织编制和指挥系统，那么军队组织编制和指挥系统的设置与改造，也应当以适应战术、战法的需要为原则，特别在战时。

【注】

1 分数：指军队的组织编制。分，指的是名分；数，指的是秩序、管理方式。

人有分，才能有群。《荀子·富国》讲：人之生，不能无群；群无分则争，争则乱，乱则穷矣。故无分者，人之大害也；

有分者，天下之本利也。而人君者，所以管分之枢要也。而《荀子·王制》讲：人何以能群？曰：分。分何以能行？曰：义。故义以分则和。和则一，一则多力，多力则强，强则胜物……故人之生不能无群，群而无分则争，争则乱，乱则离，离则弱，弱则不能胜物。所以说，分，就是群（社会）的需要。数千上万人聚集在一起，如果没有分，肯定会乱成一团。

分，只是一种物理隔离，要让它能有机地组合在一起，更要靠"数"，即建立秩序。《吴子·论将》讲：理者，治众如治寡。这里的"理"，即孙子所讲的"数"，指的是道理、条理、秩序的意思。要想治众如治寡，就要建立规章制度，凡事讲道理、条理、秩序，赏善罚恶，让千万人的行为方式建立在一种稳定的预期之上。

然而，如何分？《六韬》讲练士之道：军中有大勇、敢死、乐伤者，聚为一卒，名为冒刃之士；有锐气、壮勇、强暴者，聚为一卒，名曰陷阵之士；有奇表长剑、接武齐列者，聚为一卒，名曰勇锐之士；有拔距伸钩、强梁多力、溃破金鼓、绝灭旌旗者，聚为一卒，名曰勇力之士；有逾高绝远、轻足善走者，聚为一卒，名曰寇兵之士；有王臣失势，欲复见功者，聚为一卒，名曰死斗之士；有死将之人子弟，欲与其将报仇者，聚为一卒，名曰敢死之士；有赘婿、人虏，欲掩迹扬名者，聚为一卒，名曰励钝之士；有贫穷、愤怒，欲快其心者，聚为一卒，名曰必死之士；有胥靡免罪之人，欲逃其耻者，聚为一卒，名曰幸用之士；有材技兼人，能负重致远者，聚为一卒，名曰待命之士。这是一种彰显战斗力的分兵编组之道，主要是物以类聚，量材使用。

孙子的兵法，多为形而上的思想。后世戚继光的《纪效新书》，可视为盛放孙子形而上思想之形而下之器。戚继光之束伍之法：大约五人为伍，伍有伍长；五伍为队，队有队长；四队为哨，哨有哨长；四哨为一官，官有哨官；四哨官为一总，总有把总；五总以上有中军，为主将。其军法禁令等篇所载军法，皆责成于长，而治以连坐之法。若临阵退缩，一级管一级，罪坐其长。一人当先，他人不救，致令阵亡，他人皆罪……后来曾国藩、左宗棠、李鸿章等用戚继光之法治湘、淮诸军，皆获成功。

2 形名：指军队的指挥系统。形名，目光所见为形，耳闻为名。所谓形名，指的是战场指挥使用的旌旗、金鼓。曹操说：旌旗曰形，金鼓曰名。吴子曰：夫鼙鼓金铎，所以威耳；旌旗麾帜，所以威目；禁令刑罚，所以威心。耳威于声，不可不清；目威于色，不可不明；心威于刑，不可不严。三者不立，必败于敌。

指挥手段要健全，指挥信号要通畅无碍。首先，要制定简单而全面的号令（号令、作战意图必须简单明了）；其次，让士卒牢记号令；最后，教育士卒绝对执行号令，达到全军步调一致。务使千军如一人，这是取得胜利的保证。

3 毕：《孙子兵法》其他版本为"必受敌"，只有汉竹简本《孙子兵法》为"毕受敌"。结合文章，应当是"毕受敌"。所谓毕，全体、全部的意思。毕受敌，即对敌人实施的所有战术都能有适当的应对措施。

4 奇正：指奇兵、正兵的战术运用。一般而言，常规的军力部署为正，机动的军力部署为奇；正面对敌为正，侧面迂回为奇；常规战法为正，特殊战法为奇；敌人可预见的战法为正，敌人不可预见的战法为奇；等等。奇正战术的灵活运用，是分兵，即战场上兵力的配置，"以分合为变"。目的是取得战场主动权，以攻其无备、出其不意。战场上的所有战法都在奇正，战争胜败的关键也在于此。

5 碫：磨刀石，泛指石头。

【原文】凡战者，以正合[6]，以奇胜。故善出奇者，无穷如天地，不竭如江河。终而复始，日月是也；死而复生，四时是也。声不过五，五声之变，不可胜听也。色不过五，五色之变，不可胜观也。味不过五，五味之变，不可胜尝也。战势[7]不过奇正，奇正之变，不可胜穷也。奇正相生[8]，如循环之无端，孰能穷之？

【译】大凡用兵作战，往往是以正兵当敌，以奇兵取胜。所以说，善于出奇制胜的主将，其战法如同天地一样变化无穷尽，像江河一样长流不枯竭。（奇正）终而复始，如同日月运行；（奇正）去而复来，恰似四季更替。就像声音不过五个音阶，但五音的组合变化听不胜听。就像颜色不过五种，但五色的组合变化看不胜看。就像味道也不过五种，但五味的组合变化尝不胜尝。战法不过奇正，但奇正的变化无穷无尽。奇正相互转化，就像顺着圆环转圈一样，无始无终，谁又能穷尽它呢？

【记】先定义一下奇正的"奇"。一言以概之，战场用兵，把兵力部署到不被敌方预料、发觉到的合适位置，以取得在该位置上对敌优势的战术安排，就是奇。当敌方对此战术安排预料到了或者发觉了，有所防范了，奇兵便转化为正兵。

统领三军，与敌对阵，取敌制胜，靠的是奇正。一般情况下，先以正兵接敌，以奇兵制胜。用兵不过奇正，善用奇兵者，战术变化无穷无尽。所以孙子讲，战势不过奇正。克敌制胜，不过奇正两种战法。一般情况下，常法为正，不同于常法的变化为奇；已经采用的战法为正，尚未采用的战法为奇；一般性为正，特殊性为奇；等等。

刘伯承讲，按照通常的战术原则，以正规的作战方法进行战斗的都可以叫作正兵。根据战场情况，运用计谋，攻其无备，出其不意，攻敌于措手不及，不是采取正规的作战方法，而是采用奇妙的办法作战的，都可以称为奇兵。唐代名将李靖认为，大众所合为正，将所自出为奇。他们讲的是一个意思。

所谓奇正，就是指战法的一般性与特殊性，常法为正，异常的战法为奇。兵法强调出奇制胜，认为手握余奇，是制胜的关键。"余奇"的重要性在于，它是制造一切变化的关键。每次战斗都有特殊之处，天下没有完全相同的两次战争。战斗的特殊性要求主将除基于战争规律的一般性之外，还要采取与这种特殊性相符合、相适应的特殊作战方法，目的是让敌人猝不及防、措手不及。战场决胜最忌墨守成规,战斗中不能总是做同样的事情。当你试图用某种手段对付敌人时,如果第一次没有成功,再做一次也同样不会有效。如果第一次成功了,再做一次效果也会大打折扣。要不断变换思路和方法,这样才会出人意料。战法应当是无穷无尽的。

所谓奇正相生,战场上的奇正变化是敌我双方共同造成的,奇正是相对的,可以相互转化,奇可为正,正可为奇。我有备而来,两手准备,因敌情变化而设奇、正。何谓奇兵,何谓正兵,要依据有备无患、掌控主动权的需要。

奇正之间的关系,唐代大将李靖讲得好。他说,无正则无奇,奇正不可偏废。一般而言,正兵是奇兵的基础,奇离不开正。只讲正兵不讲奇兵,很难克敌制胜。只讲奇兵不讲正兵,就不可能真正地使出奇兵。正兵,是堂堂之阵、正正之旗,以强大实力作后盾。大兵压境,这是强弱不成比例时常见的现象。若势均力敌,或敌强我弱,用诈出奇,就格外重要。然奇正非预设,乃临时制之。我方多种准备,何时为正,何时为奇,视形势及对方反应而定。岳飞讲过,阵而后战,兵法之常,运用之妙,存乎一心。大概就是这个意思。

如果加上战场诡诈的因素,奇正变化更是"不可胜穷也"。

有时候，我之正兵敌方可能视为奇兵，我之奇兵敌方可能视为正兵。李世民在《唐太宗李卫公问对》中讲：吾之正，使敌视以为奇。吾之奇，使敌视以为正。斯所谓形人者欤？以奇为正，以正为奇，变化莫测，斯所谓无形者欤？李世民将战场奇正之变，与"形人而我无形"结合起来，进一步丰富了奇正战法的意义。《唐太宗李卫公问对》中李靖讲：凡将，正而无奇，则守将也。奇而无正，则斗将也。奇正皆得，国之辅也。他的这个说法无疑是正确的。作为主将，懂得奇正相生的道理，既能掌握一般的战争规律，又能因地制宜创造出克敌制胜的新战法，攻克一个又一个难题，肯定是国家需要的啊。

刘伯承讲出奇制胜：一是要善于在敌人意料不到的时间、地点和方向上用兵；二是用兵之奇，关键是用在敌人的致命点上，即对敌战略、战役有决定作用的要点上；三是出奇制胜的决策行动要快，要有胆略，要周密计划，使自己立于不败之地；四是奇正相生，一定要避免绝对化，战术上永远也没有一种万能的制胜之道。

《孙子兵法》中的"奇正"，不知迷惑了多少读书人，下面试做进一步分解。

奇正来源于古阵法。正面对敌为正，侧面或者隐藏起来的兵力为奇。战场用兵，只有奇正这两种变化。奇正，虽千变万化，但其背后的逻辑非常简单。

所谓奇正，本质上就是分兵。在兵力总量不变的前提下，在不同作战方向上进行兵力配置，以寻求突破点、制胜点，就是所谓的奇正。用今天的话语来讲，奇正就是战场兵力配置的结构。

如果我方在兵力总量上占据绝对优势，就无所谓奇正了。堂堂之阵，直接碾压过去，即可获胜。如果双方兵力相当或者我方处于劣势，奇正变化就非常重要了。所谓奇正变化，就是主将在不同作战方向上的兵力配置，目的是在总体上不占明显优势的前提下，抓住战场机会，争取在局部形成我众敌寡、我强敌弱的局面，从而找到战局的突破口，为最终战胜敌人争取主动、创造条件。所以，奇正有两个关键点：一是奇正不能事先锁定，只能根据战场形势变化，顺势而为；二是我之奇正，使敌莫测，如果被敌方事先发觉、有所防备，就不能称之为奇兵了。

进一步讲，奇正和虚实是一个词。奇正是兵力部署的变化，而虚实是由兵力部署形成的战场局面。

【注】

6 合：指敌我双方军队会合、交战。

7 战势：军队在交战中采取的态势，此处指形成战场态势的方法，即战法。

8 相生：相互转化。

【原文】激水之疾，至于漂石者，势也。鸷鸟之疾，至于毁折者，节⁹也。是故善战者，其势险，其节短。势如彍弩，节如发机。

【译】流水激湍，能把石头冲走，这是水势强大的缘故。猛禽从高处俯冲下来，一击之下能够将猎物的骨头打碎，这是它的力量运用得恰到好处。所以，那些善于指挥作战的主将，他排兵布阵善于构造一种锐不可当的险峻态势，他发动攻势达到目标只在一瞬间完成。这种势，就像拉满了的弓弩；这种节，就像扣动扳机。

【记】孙子这句话，揭示了势的要义。这句话的意思是，湍急的水流能把石头冲起来，这是势的力量。猛禽快速俯冲下来，能够（将猎物）一招毙命，这是拿捏得准。善于指挥作战的将领，他所营造的战场态势，往往给敌人以压迫感；他选择冲击的方向，往往是敌人的命门所在。所谓势，就像一把张满的大弓，正瞄准敌人的命门。

问题是这里所谓的"节"如何理解。历来解读《孙子兵法》者，多将其解读为节奏，这是不符合孙子本义的。当然，战场节奏的把握也很重要，但作战节奏，不是"势篇"所要解决的问题。如果对先秦时期的文献资料有所熟悉，对战场作战有所了解，再结合"鸷鸟之疾，至于毁折者，节也"这句话的语义，应当知道，此处的"节"是"发而皆中节"（《中庸》）之"节"，是做到恰到好处之义，不应当是节奏之"节"。水流冲击石头，对应的是石头，水流本身并没有节奏的意识。猛禽捕捉猎物时，只要力量够、方向准、目标明确，就会一击而中，这个过程中，似没有把握节奏什么事儿。事实上，只有长期、连续的运动，才会有节奏上的要求。无论是流水漂石、猛禽捕猎，还是战场决斗，往往是一击即中，而不是长期连续的运动，基本上没有节奏方面的要求。

结合孙子这段话，势的形成要把握三个主要因素，一是力量够，二是速度快，三是方向准（目标明确）。具备了这三个条件，若发，必一击中的。

方向准，也就是进攻目标明确，这是进攻的前提。力量够，也就是在作战方向上积聚对敌优势兵力，这是发动进攻的资本。速度快，可得先机，先敌部署，先敌展开，先敌攻击，从而获得突然性效果，攻其无备，出其不意，迫使敌人猝不及防。借助锐不可当的破竹之势，振奋精神，提高士气，增强战斗力。

出奇造势的核心就是"势险"，即以强大的实力优势快速地压迫敌人。还有"节短"，即出击方向准、力量够得着，击而必中。速度是否快，取决于战斗意图是否明确、坚决，更取决于敌我力量对比中我方是否具备压倒对方之优势。这又有赖于战场地形的选择、兵力的配置、士气的提振、将帅的智谋等因素。兵贵神速，攻其无备，出其不意。隐蔽地接近敌人，突然猛烈地冲击。克劳塞维茨说，凡攻击随其前进而力弱。二战时，德国纳粹闪电战凌厉不可阻挡，但其咫尺不得英伦，劳师袭远挫败于莫斯科，大概就是失节短之义，目标太远了，力量够不着啊。

【注】

9 节：关节、关键。这里指正确把握兵力运用的时空条件，从而发挥出最大的威力,做到恰到好处。

【原文】纷纷纭纭[10],斗乱[11]而不可乱也;浑浑沌沌[12],形圆[13]而不可败也。乱生于治,怯生于勇,弱生于强。治乱,数也;勇怯,势也;强弱,形也。故善动敌者,形之[14],敌必从之;予之[15],敌必取之。以利动之,以卒待之。

【译】即使战场杂乱纷纭,也要很好地保持军队的组织编制系统和指挥系统,使军队严整而不混乱;即使战场形势浑沌不明,也要将军队部署得四面八方都能应对自如,使敌人无机可乘。(主将要知道)军队的秩序、士气、战斗力不是一成不变的,在一定条件下,秩序严整的军队也会发生混乱,勇猛的军队也会变得胆怯,强大的军队也会变得虚弱。军队严整或者混乱,是组织编制的问题;军队士气勇敢还是怯懦,是战场态势的问题;军队战斗力强大还是弱小,是实力对比的问题。所以,善于调动敌人的主将,采取虚假的兵力部署欺骗敌人,敌人必为其所骗;采用小利引诱敌人,敌人必被其所诱。用欺骗或者利诱的办法吸引敌人(到达我欲其到达之处),并事先部署军队在既定地点等待(伏击)敌人。

【记】这段话,讲战场指挥如何用势。

纷纷是战旗翻滚的意思,纭纭是兵士进退来往聚散的意思。大意是讲,战场上战旗翻滚、忽合忽离,兵士或进或退、或聚或散,看起来乱糟糟的一片,实际上却是有条不紊的。浑浑是指车轮滚滚,沌沌是指兵士奔驰,大意是讲车轮滚滚,兵士往来,行阵纵横,首尾相应,阵容圆整,无懈可击。只要主帅的大旗不动如山,整个战场就是在鏖战之中、控制之下。一般情况下,帅旗往前移动,传递的信号是即将胜利了;帅旗后撤或者倒下,传递的信号就是失败了。战场的核心标识是主帅的大旗。

治乱、勇怯、强弱,都是相对词。敌我双方对垒,一方乱,必然是因为另一方治;一方怯,必然是因为另一方勇;一方弱,必然是因为另一方强。要想战场取胜,就要做有秩序的那一方、勇的那一方、强的那一方。一般来说,仗势欺人是动物的本性,"势"强则士勇,"势"弱则兵怯。治(军队的战场秩序)来自分数,勇来自战势,强来自实力。练兵有方则治,士卒"有所恃,无所顾"则勇,集中力量攻敌一点则强。所以,高明的将领就要想办法营造正面接敌时,我治敌乱、我勇敌怯、我强敌弱的局面。

战场上军队的秩序、士兵的战斗意志以及军队的战斗力，不是一成不变的，而是会随着战场情况的变化而变化的。这要求主将应当有心理准备，通过战场纪律的执行、适时调兵遣将、抓住时机主动营造有利于我方的战势，以保持对敌优势，最终取得胜利。

战场之势，对于我方士兵来讲，就是要让他们有必胜之信念、决胜之信心，看到胜利之曙光。胜利在前，谁不争先恐后？作用于敌方，要惑其所恃，迷其心神。如何营造这样的局面（造势）？简单讲就是迷惑敌人、诱惑敌人，使之走进我方陷阱。要善于调动敌人，善于"示形"，制造和释放虚假信息，使敌人发生错觉；善于以利诱敌，使敌人被我方调动，陷入我方包围圈，乘其尚未立足而歼灭之。诱敌，敌不动我不打；敌不进到有利于我、不利于敌之地点，我亦不打——完全处于主动地位。待有必胜之机时，一举歼灭之。

势险节短是用势之要。几乎所有的战场之势，都是居高临下、以强胜弱，伏击战、包围战都是典型的战场造势。一般而言，除非我方兵力占据绝对优势，否则直接扑向敌方阵营，很难形成压倒性优势。通常的做法，是我方选择有利于营造居高临下、以强胜弱的地点设伏,事先构筑有利之势,然后再千方百计引诱敌人前来,从而一举歼之。这也是军事历史上通常的战法。所以,造势(设伏等)与想方设法引诱敌人前来,是为了达到用势的目的,应该同时推进这两项工作。

【注】

10 纷纷纭纭:纷纷,指旌旗混乱的样子;纭纭,指战场人员多而杂乱的样子。

11 斗乱:在混乱的状态中作战。

12 浑浑沌沌:指战场局势混乱不清。

13 形圆:布阵严整,应对自如。

14 形之:用假象欺骗敌人。

15 予之:用利益引诱敌人。

【原文】故善战者,求之于势,不责于人,故能择人而任势[16]。任势者,其战人[17]也,如转木石。木石之性,安则静,危则动,方则止,圆则行。故善战人之势,如转圆石于千仞之山者,势也。

【译】所以善于用兵打仗的主将,他将战场取胜的关键放在造势、用势上,而不是凭借兵将个人的才能与勇气。所以他能根据造势、用势的需要配置兵力。善于造势、用势的主将,他指挥军队作战,就像转动滚石檑木一样。木头和石头的特性是,放在平坦的地方静止不动,放在倾斜的地方就容易滚动,如果是方形的就不会动,如果是圆形的就容易滚动。所以高明的主将指挥军队时所造成的有利态势,就像圆石从八千尺的高山上往下飞滚时那样,勇往直前,不可阻挡。这就是势啊!

【记】主将谋势、造势、用势,除了他自己独特的发现机会的眼光外,用兵即兵力配置,也是非常重要的。孙子的意思,一是不能过于苛求士兵,二是根据士兵的本能和本性因势利导,根据士兵的心理特点和生理特点(如木、石),恰当地将士兵配置到战场造势、用势的环节中,从而保持高昂的士气和旺盛的斗志。

一般而言,势行则人从势,势败则势从人。如果战场胜负取决于一二力战之人,战场指挥就会有很大问题。战场胜负,关键在于势，而不在于人。如果将战场胜负寄托于一两个人身上，这是赌博行为。战场指挥的核心是形成压倒敌人之势。

虽然势之形成是人的因素，但从总体上看，从贯彻作战意图上看，所有的力量都是形成或巩固势的力量，此为关键。逆势或阻势之人，当出局外。这里有纪律和贯彻作战意图的意思。一旦对我方有利之势形成，势即为难得之大局，此时任何有违于势的人都是绊脚石。虽然说势在人为，但一旦势成，就要人随势走，而非势随人迁。要看到，势是集中所有有利条件形成的局面，一旦势成，再强的人也强不过势。任何局中人，都不能放任他们有损于势。

在战场上，如何有效地动员、组织力量，形成一种有效冲击、压倒敌人的战场之势？核心是"势险节短"。一是要借助时空特征，构造以多对少、以强对弱的局面，形成摧枯拉朽之局面，使敌人不能自守；二是战斗目标明确，击而必中；三是战斗过程必须速决，使敌人来不及反应、来不及反击就败下阵来。布势险要，引敌入瓮，给敌人心理上造成一种强大的压力，使其产生惊慌，指挥错乱，士卒恐惧，丧失斗志，不战自败。

一般而言，势是社会潮流，代表着未来的变化方向。孟子讲:"虽有智慧,不如乘势。"就是在说,人力不可与势相抗衡。

抽象地讲,势有大势小势。孙中山讲:世界潮流,浩浩荡荡,顺之则昌,逆之则亡。社会大势是在社会大众心理预期基础上形成的社会潮流,代表着社会方向,是一种人力不可对抗之趋势,往往有自我强化、自我执行之意味。大势一旦形成,再强的个人也只能是顺势而为、无法抵抗。对于社会大势来说,顺势可成,逆势必败。

但是,小势可为(造势)。英明的指挥员知道人力是有限的,要战胜敌人,就要善于利用人力、物力和自然条件来创造有利的形势,形成战场即时相对有利的关系环境,克敌制胜。人在适合其发挥作用的势中,不自觉地就会发挥出最大作用。战场上"势"强则士勇,"势"弱则兵怯,就是这个道理。曹操说:人情见利而进,见害而退。势强、势盛,自然会集聚人才;势弱、势衰,自然人心思离。

与一般的想法不同,在势面前,人其实是不重要的。在一个成熟的机构中,一切都按规矩来,人不是最重要的。但是,在一些不成熟,规矩、秩序不那么健全、不那么管用的机构中,组织效能的关键是领导和人才。这也许是个悖论,好单位显示不出人的重要性,只有不好的单位方能显示出人才的重要性。

有时候，强调人才重要是势弱的表现。事业初创时期，人才很重要，而一旦势成，必然要求所有人都服从势。人必须要与势结合，才能发挥作用。一个人的素质、资历、能力、威望等都很重要，但这些不是构成他能否成为人才的关键要件。造势之初，如制木桶，能弥补短板者（稀缺者）为人才。势成之后，能持续强化势者为人才。

由于组织资源的稀缺性，评判人才不仅要看个人素质，更要看组织的需要。所以，离开了组织的需要，离开了能够发挥作用的平台，人对于社会和组织就是卑微的存在。

在战势方面，刘伯承讲，其一是指挥员的谋略优势应为兵势之首，多谋善断而得"势"，少谋寡断而失"势"；其二是部队的数量、素质，即实力的优势，这是造势的物质基础；其三是借助有利的地形，居高临下；其四是掌握有利战机，审时度势，一定要抓住敌方犯错误的机会；其五是士兵勇猛迅速，顽强作战。

用势，就是利用已经制造、形成的一种我方所需要的势。利用各种谋略手段，造成一种势，使得敌方不能不受我方的胁持与控制，最终无法摆脱被我方消灭的命运。具体如下。

一是抢夺、占据有利位置（关键点位）。如抢占制高点，以高位势压制低位势。如抢占战场要穴，即那些可以震慑战场全局的关键位置。破敌之势，重点就是让敌方在关键位置上的装置失效。

二是谋势、顺势，在战略上以一敌十，震慑敌方。

三是多点位、密联系，分割钳制，形成多而分散、疏而不漏之布局。

四是在战术上以十敌一，务求胜算在我、战则必胜。

五是布势要富有弹性。常见的思维模式是固定布势，这是一个钉死了的框架，虽然整体功能很强，但是一旦失去与其相适应的环境，特别是那些关键点位遭到破坏后，固定势就会出现功能性障碍和整体紊乱。布势的弹性，是指系统各要素既相互联系，又能各自独立，可以随时因敌情、战场情势改变结构形式，不会因某个部分遭受破坏而危及整体。

【注】

16 择人而任势：根据战场造势、用势的需要安排兵力。

17 战人：指挥士兵作战。

虚实篇

"虚实篇"是《孙子兵法》一般作战原则的总结。无论是战前的谋划，速战速决的作战要求，进攻方式的谋划，还是军事力量的部署、战前的造势等，最终还要落实在两军对垒时的避实击虚，即打胜仗上。

虚，指空虚，兵力分散、薄弱。虚分客观存在的虚和主观故意的虚。客观存在的虚，包括空虚、匮乏、无，空隙、破绽、漏洞、失误，虚弱等。主观故意的虚是谋略上表现出来的虚，故意装出来的虚，即外虚内实，目的是诱敌深入或者惑敌放松防备。

实，指充实，兵力集中、强大。实指军事力量的坚实，有时也指谋略上的实，比如以实示敌，故意装出来的强大，集中兵力，示威屈敌。

虚与实相比较而存在。《孙子兵法》"势篇"讲得很清楚，"以碫投卵"，实是石头，虚是鸡蛋，敌我双方的实力悬殊，相当于石头和鸡蛋之间坚硬程度的差别，才能称一方为实，一方为虚。

虚与实相互包含。兵无万全，求万全者无一全，所以排兵布阵，往往是虚实相济，虚中有实，实中有虚。虚实既相互包含，它们之间就可相互转化。虚可转化为实，实可转化为虚，需要的只是时间。

战场上的排兵布阵，战场指挥的奇正之变，即前篇所谓的形、势，目的就是促成敌我双方力量对比上的虚实变化，为我方实现以实击虚创造机会。

所以，孙子所谓的"胜可知"，指的是知虚实。孙子所谓的"胜可为"，指的是做到实战中的避实击虚。

"虚实篇"讲如何掌握战场主动权，从而调动敌军，确保我方接敌时兵力上的优势，以达到以实击虚的战场效果。

【原文】孙子曰：凡先处[1]战地而待敌者佚[2]，后处战地而趋战[3]者劳[4]。故善战者，致人而不致于人[5]。能使敌人自至者，利之也；能使敌人不得至者，害之[6]也。故敌佚能劳之，饱能饥之，安能动之。

出其所不趋，趋其所不意。行千里而不劳者，行于无人之地也。攻而必取者，攻其所不守也。守而必固者，守其所不攻也。故善攻者，敌不知其所守；善守者，敌不知其所攻。微乎微乎，至于无形；神乎神乎，至于无声，故能为敌之司命。进而不可御者，冲[7]其虚也；退而不可追者，速而不可及也。故我欲战，敌虽高垒深沟，不得不与我战者，攻其所必救也；我不欲战，画地而守之，敌不得与我战者，乖[8]其所之也。

【译】孙子说，凡是先到达战场上等待敌军到来的军队是从容、主动的，而后来到达战场仓促应战的军队则是疲劳、被动的。所以，善于指挥作战的主将，（总是抢先掌握主动权）调动敌人而不被敌人调动。

能够调动敌人钻入我方设下的圈套是以利引诱的结果。能够使敌人不能到达我方不想让他们去的地方，是以害威胁的结果。利用利诱害阻的手段可以做到：如果敌人正在安逸地休整，可以迫使他们到处移动，令其疲劳；如果敌人给养充分，可以想办法让他们失去供养，令其饥饿；如果敌人驻扎安稳，可以想办法调动他们离开。

出击敌人没有办法救援的地方，奔袭敌人意料不到的地方。军队行军千里而不疲劳，是因为行进在敌人不设防的地区。进攻必然成功，是因为攻击的是敌人没有留意防守的地方。防守必然固若金汤，是因为防守在敌人必然要进攻的地方。所以，善于进攻的，敌人不知道如何防守；善于防守的，敌人不知道怎样进攻。微妙啊，微妙到敌人看不出一点形迹；神奇啊，神奇到敌人听不到一丝消息。就这样，（我方）便成为敌人命运的主宰。进攻时，敌人无法抵御，是因为进攻的方向是敌人防守薄弱的地方；后退时，敌人无法追击，是因为行动迅速敌人无法跟上。所以，我方若求战，敌人即便坚守深沟高垒，也不得不出来与我方交战，是因为我方进攻的是敌人必救的地方；我方若不想交战，即便是画地而守，敌人也无法与我方交战，是因为在我方的诱骗下，敌人将进攻方向指向了别处。

【记】首先是抢占先机，掌握主动权，然后才有可能调动敌人而不被敌人调动。调动敌人的方法有两个，一个是利诱，一个是害阻。如果调动敌人到我方想让他们到达的地方，就用利来引诱他们；如果想让敌人停留在特定的地点不敢轻举妄动，就用害来恐吓他们。

有一次，唐太宗李世民与大将李靖讨论用兵之法。李世民讲，我看过很多兵书，没有超过《孙子兵法》的，在《孙子兵法》十三篇中，没有超过"虚实篇"的，用兵识虚实之势者，没有不获胜的。李靖接着说，孙子兵法，千章万句，不出乎"致人而不致于人"而已。李靖的意思是讲，《孙子兵法》所要表达的意思就是要"致人而不致于人"，一切兵法战策，都是围绕着"致人而不致于人"这一总原则展开的。

所谓"致人而不致于人"，就是要牢牢把握战场主动权，调动敌人而不被敌人调动。这是战场取胜的规律，用兵的要则。如果失去了战场主动权，用毛泽东的说法，就是"等于被打败、被消灭"。博福尔《战略入门》讲，战略手段的选择和作战指导的试金石是行动自由，战略的实质就是对行动自由的争夺，战略的基础就是确保自己的行动自由，一切行动的最终目标都是行动自由。"保持行动自由"这一战略术语，大意是，在战场上，双方都会采取针锋相对的准备动作，必将发生冲突。哪一方能阻止对方的动作，使自己的动作达到目的，哪一方就将获胜。作战的一方企图保持自己方面的行动自由，同时不让对方有行动自由，这就是孙子讲的"致人而不致于人"。

致人而不致于人，"致人"是调动他人，"不致于人"是自己始终掌握主动权。首先要"不致于人",然后再"致人"。这与孙子"先为不可胜,以待敌之可胜"的思想是一致的。在作战中首先要做到不被敌人战胜,然后再捕捉战机战胜敌人,将"战与不战"的选择权掌握在我方手中。

以逸待劳,是掌握战场主动权的前提。做到以逸待劳关键在"先",先到者可占先机、从容主动,后至者则要仓促应战、疲惫被动。这是以有准备对无准备、以我方之士气高涨对敌方之士气低落、以我方之精力充沛对敌方之筋疲力尽,从而牢牢将战场主动权握于我方之手,为战争赢得主动,为胜利打下基础。特别是在冷兵器战争时代,先到者可以抢占有利地形,从而把战争演变为攻防战,扭转战场态势。

宫本武藏《五轮书》中记载了三种掌握先机的方法,即"三先"。一是先发制人;二是示弱于敌,待敌松懈之时猝然发起攻击;三是在对抗状态下察敌意图,反向牵制,从而取得战场主动权。"三先"在心理上都是主动强攻。

调动敌人有两种手段,即利和害,以利诱敌,以害阻敌。给敌方示以好处,采用利诱法,让其主动上钩;采用恐吓、胁迫等办法,让敌方不敢做、不能做其想做的事情,限制敌方的行动自由。"佚能劳之,饱能饥之,安能动之。"怎么让敌人不舒服，就怎么办。

"出其所不趋，趋其所不意。"孙子所要表达的意思是，利用伪装和假象迷惑敌人，让其摸不着头脑。"行千里而不劳者，行于无人之地也"，乘虚而入。"攻而必取者，攻其所不守也"，"攻其所必救也"。理想的进攻目标，是指那种既是敌方兵力防守薄弱的地方，同时又是关系敌方全局的要害之处。攻击薄弱而非要害之处，敌方不一定会理睬，胜利也没有太大价值；攻击要害而非薄弱之处，敌方有大量兵力严防，攻击也不一定能取得实际效果。只有攻击既是敌方布防薄弱又关乎其全局的要害之处，才能牵一发而动全身，从而调动敌军，达到劳敌、疲敌、陷敌于被动的目的。所以，那些敌方布防薄弱的要害之地，是战场制胜的关键之地，是对全局有重大影响的关键点位。一般而言，在这种关键的点位上，敌方不可能布防薄弱。这就需要想办法牵制、调动敌人。一旦敌方不慎，露出破绽，就要立即抓住机会，抢占关键之地。于我方是满盘皆活，于敌方则是四顾无暇，从而使我方赢得战场主动权。

"致人而不致于人"，前提是指挥员能统揽全局。部队的战斗力是有限的，只有取得了战场主动权，才能有效指挥有限的战斗力量，达到作战效果。有时候，一些短视的将领往往只看到眼前的战斗，结果虽然赢得了战斗，却输掉了整场战争。聪明的将领，总是把具体的战斗放在战争的全局去思考、去把握，甚至有时为了取得全局的主动权而放弃某些战场争斗，也是值得的。一战在即，当谋全局，有所为，有所不为。

总的来说，如何致人？一是以利诱之；二是以害阻之；三是消耗敌人，化敌之实为敌之虚；四是抓住时机，乘敌之虚，最重要的就是出人意料，让敌人想不到；五是想办法抢占、控制关键要地。如何不致于人？一是隐藏意图。使敌人视不见形，闻不听声。二是敌人怎么不痛快，就怎么来。尽可能向其预期的反方向牵制，不让敌人意图得逞。三是如果无法取得战场主动，就要严防死守，必要时及时脱身，三十六计走为上。

【注】

1 处：到达，占据。

2 佚：同"逸"。从容、占据主动。

3 趋战：趋，疾行，奔赴。经过长途跋涉后仓促应战。

4 劳：疲劳，被动。

5 致人而不致于人：调动他人而不被他人调动。

6 害之：每个对手都有其短处和弱点，掌握敌对方的弱点，用正确的方法克制其弱点，就能够将其制伏。

7 冲：攻击。

8 乖：违背，背离，指反向牵制。

【原文】故形人[9]而我无形，则我专而敌分。我专为一，敌分为十，是以十攻其一也，则我众而敌寡。能以众击寡者，则吾之所与战者约[10]矣。吾所与战之地不可知，不可知，则敌所备者多，敌所备者多，则吾所与战者寡矣。故备前则后寡，备后则前寡，备左则右寡，备右则左寡，无所不备，则无所不寡。寡者，备人者也；众者，使人备己者也。

【译】所以，要采取办法使敌人暴露行迹而隐藏我方真实情况，这样我方就能够集中兵力而敌方不得不分散兵力。我军兵力集中到一处，而敌军兵力分散为十处，则我方在作战地点上就能做到以十倍兵力攻击敌人，从而造成我众敌寡的战斗局面。形成了以众击寡的局面，则与我方直接作战的兵力就少了。我方所要进攻的地点敌方不知道，敌方所要防守的地方就会更多。敌人需要设防的地方越多，兵力越是分散，则他们与我方接战的兵力就会越少。敌人防备前面，后面的兵力就会薄弱；敌人防备后面，则前面的兵力就会减少；防备左翼，右翼的兵力就会减少；防备右翼，左翼的兵力就会减少；处处防备，则处处的兵力都很薄弱。兵力少，是处处设防的结果；兵力多，是想办法迫使敌人分兵防备的结果。

【记】在战场上，如果我方能够及时掌握敌方的真实信息，同时使敌人不了解我方信息，这样我就能调动敌人而不被敌人调动，则我方就能集中兵力（对敌）而敌人不得不分散兵力（防我）。我方兵力集中在一处，而敌方的兵力分散在十处，则我方可以以十敌一，取得兵力上的优势。我方事先不暴露作战方向和意图，敌方必然多方布防，这样必然能牵制、分散敌方兵力，从而造成决战点上的兵力对比，我强敌弱、我众敌寡。处于战场被动的情势下，必然分兵多处备战；而处于战场主动的情势下，可以集中兵力攻敌一处。这就是通过掌握主动权调动敌人获得战场上的兵力不对称。

　　我形敌而不使敌形我，故敌有形而我无形。尽量掩藏我方意图，取得战场主动，扰动敌人暴露其作战部署，我方才能够集中兵力打击。通过示形诱敌、迷惑敌人，以我专敌分来改变敌我力量对比,从而实现我方以局部优势对敌。历代战例中总体实力弱小一方之所以能获胜,客观条件是具备局部的优势和主动权,主观条件是积极地、能动地指向敌人的劣势和薄弱之处。如是,我虽为一小蚁,却有溃敌千里之堤的可能。明末萨尔浒之战中,努尔哈赤有句话:任尔几路来,我只一路去。

兵事无万全,求万全者无一全。关键是取得战场上的不对称优势。一般而言,如果将领胸怀全局,就应当知道,作战只有一个重点,而不应有两个或几个以上的重点。要造成战场上的不对称优势,就要反对平均使用兵力。曾国藩说过,国土虽广,力争者不过一处、二处。[1]毛泽东说,寸土必争的结果是全土皆失。[2]形成战场上的不对称局面,就要在重点方向集中力量。当然,有重点,但也有其他非重点的次要方向。集中兵力对敌一点,也需要将次要的兵力放在其他方面,牵制敌人,配合重点方向的胜利。次要方向服从重点,若发现重点选择不当,还可以及时改变重点。谋划战场上

---

[1] 蔡锷辑录《曾胡治兵语录(增补本)》,广西师范大学出版社,2012。
[2] 军事科学院《刘伯承军事文选》编辑组:《刘伯承军事文选》,军事科学出版社,2012。

不对称优势的原则是,击溃敌人一个团,不如歼灭敌人一个营。伤其十指,不如断其一指。如此方有效果。只有敌我双方力量不对称,我强敌弱,才是战胜敌人、战场制胜的根本。

【注】

9 形人:全面掌握敌方的真实信息。

10 约:少。

【原文】故知战之地,知战之日[11],则可千里而会战。不知战地,不知战日,则左不能救右,右不能救左,前不能救后,后不能救前,而况远者数十里,近者数里乎。以吾度[12]之,越人之兵虽多,亦奚益于胜败哉。故曰,胜可为也,敌虽众,可使无斗[13]。

【译】所以,如果知道交战的时间、地点,就可以跋涉千里而会战。如果不知道交战的时间、地点,就会左军不能救右军,右军不能救左军,前军不能救后军,后军不能救前军。何况(前后左右各军相距)远的有几十里,近的也有几里呢!依我看来，越国的士兵虽多，对决战的胜败又能有多大的影响呢？所以说，胜利是可以争取的。敌人的兵力虽多，可以让他们分散开来、无法集中起来与我决斗。

【记】结合上面的讨论，在敌我双方兵力对比没有绝对优势的情况下，要想形成战场决斗时以我之实击敌之虚的有利局面，就需要采取一定的手段（利、害），分割、分散敌人兵力，同时需要将我方兵力集中到一起，从而保持战场决斗时的兵力优势，取得一个又一个的胜利。这种战术的实施，需要几个前提。

一是在明确把握敌情的同时，彻底隐藏我方的信息。但是，敌方也会想办法隐藏自己的信息，这就需要采取孙子所讲的"形人"措施，即后面讲的"策之""作之""形之""角之"等办法。而隐藏我方信息，特别是作战意图，不仅对主将的谋略是个考验，对军队日常的训练、素质等也是考验。

二是作战的主导权（即作战的时间、地点等）要掌握在自己手中。

三是要能够迅速地集中兵力。

【注】

11 知战之地，知战之日：表面的意思是知道在何时何地与敌决斗。实际上是通过"致人而不致于人"，调动敌人到达我方设定的时间地点决斗。

12 度：揣度、推测，看来。

13 无斗：不能参加战斗。意为调动敌人分兵他处，从而使其无法集中兵力与我方决斗。

【原文】故策之[14]而知得失之计，作之[15]而知动静之理，形之[16]而知死生之地，角之[17]而知有余不足之处。故形兵[18]之极，至于无形。无形，则深间不能窥，智者不能谋，因形而错胜于众[19]，众不能知。人皆知我所以胜之形，而莫知吾所以制胜之形。故其战胜不复[20]，而应形于无穷。

【译】根据掌握的敌情分析判断敌方战术安排的优劣，通过挑动敌人来探明敌人的行动规律，通过战场勘察、示形诱敌来摸清战场上的关键位置（弱点之所在），通过小范围的战斗侦察来探明敌人兵力部署的虚实强弱。所以，通过将示形动敌、诱敌的办法运用到极妙之处，可以让人们看不出丝毫痕迹

（完全隐藏我军意图）。这样，就算是有隐藏很深的敌军间谍也无法探明我方虚实，就算是有很高明的谋士也想不出对付我方的办法。把根据敌情变化取得的胜利摆在大家面前，大家也看不出来我方是怎样取得胜利的。人们只知道我方是运用何种战法取得的胜利，但不知道我方是如何根据敌情变化灵活运用这些战法的。所以，每次胜利，使用的战法都会有所不同，这是因为我方在适应敌情变化，在不停地变换战法。

【记】这里讲的是试探敌人、了解敌人的几种办法。策之，是根据各种情况分析判断；作之，是接触敌人、激怒敌人，以了解敌人的动静规律、军容军纪；形之，实地勘探地形、敌方军力部署，以掌握战场之关键所在；角之，是指通过战斗侦察，探明敌人兵力部署的虚实强弱。这四种方法由浅入深、由远及近。要达到以实击虚的效果，战前需要多方准备，以策之、作之、形之、角之，探明敌之虚实。

很明显，孙子说的"胜之可为"，前提在于"知"。知，才可以早做准备，调动敌人，牵制敌人，战场取胜。知，是战争决策的前提和基础，是战争行动的指南和依据，是战争胜利的保障。战争过程自始至终，都是围绕着"知"来展开的。"知"

是孙子兵法理论的核心,《孙子兵法》几乎每一篇都在强调知。因为战争的整个过程,方方面面的情况,无时无刻不在发生变化。相应地,知也是一个不断叠加、不断变化、不断修正完善的过程。

《兵经百言·智部》"累"篇讲:我可以此制人,即思人亦可以此制我,而设一防;我可以此防人之制,人即可以此防我之制,而增设一破人之防;我破彼防,彼破我防,又应增设一破彼之破;彼既能破,复设一破乎其所破之破,所破之破既破,而又能固我所破,以塞彼破,而申我破,究不为其所破。递法以生,踵事而进,深乎深乎!

战场上的认知和应变,必然是一个不断累进的过程,只有战斗结束了,才能有一个了结。这也说明战争中不可能有完全的知。全知,是永远达不到的,战场永远都有机会的空间、未知的领域。这也是战斗实践的魅力所在。

同时,在我方了解、掌握敌方情况的时候,还要注意不要让敌方了解、掌握我方的情况。掩藏好我方兵力部署和作战意图,不使敌方探知我方虚实。所谓"知胜可为",一方面是要知敌,另一方面是不能放任敌知我。如此,我知敌之虚实,敌不知我之虚实,才能牵动敌人,达到以我之实击敌之虚的目的。战前功夫，也是军队实力和将帅能力的综合体现。

孙子讲的"战胜不复"是指，我方每次取胜的方式方法都有所不同，即便我方胜了，别人也不知道是怎么胜的。战场争斗，兵无定法，以无法为有法，以无限为有限，没有规则就是唯一的规则。即使兵法有着固定的规则，比如速战速决，战场却没有固定的态势。善于用兵的将领，不是机械地照搬兵法，而是巧妙地运用兵法的原则。真正的高手能根据战场形势灵活应对，战术千变万化，表面上看似违背了固定的用兵原则，实际上却遵循了更为适用的用兵原则，如同韩信背水排阵一般。智慧没有更高，善于顺应形势者为最佳。有知之人，遇事必定应对自如。有知必有智，有智必有勇，有勇必有定。

【注】

14 策之：策划、筹划，这里指分析判断。

15 作之：开始动作，这里是挑动的意思。

16 形之：指战场佯动，用假象欺骗、引诱敌人。

17 角之：角力、较量，这里指试探性的小范围攻击。

18 形兵：用诡道，以伪装、佯动等手段欺骗敌人。

19 错胜于众：错指"措"，放置的意思。指将胜利摆在众人面前。

20 战胜不复：复是重复。指每次取胜的方式方法都不一样。

【原文】夫兵形象水，水之形，避高而趋下。兵之形，避实而击虚。水因地而制流，兵因敌而制胜。故兵无常势，水无常形，能因敌变化而取胜者，谓之神。故五行[21]无常胜，四时无常位，日有短长，月有死生。

【译】用兵作战的特性有点像水，水运动的规律是避开高处向下奔流，用兵打仗的规律是避开敌人强、实的地方去攻击敌人的弱点。水因地形流向低下的地方，用兵打仗根据敌情变化采取制胜的战术。所以用兵打仗没有固定的方式方法，就像水没有固定的形态一样。能够根据敌情变化而采取相应战术取胜的人，就称得上是用兵如神。

金、木、水、火、土五行相生相克，没有哪个能够长期保持（克制其他的）优势地位。春、夏、秋、冬四季轮流交替，没有哪个季节能够长驻世间、固定不移。昼有长短，月有圆缺。

【记】兵形象水，多么恰当的譬喻！

我们知道，水在地上流，从来都是从高处流向低处，避开实处流进虚空之地。孙子这里的意思，就是讲用兵之道，要像流水一样。水流以高就下，用兵避实击虚。水无常形，水根据地形变化确定流向；兵无定法，用兵根据敌情变化来调整作战方案。用兵的方向，避实而击虚、避强而攻弱、避治而取乱、避锐而击衰。

所以，兵无定法，如同水无常形。能根据敌人的虚实变化克敌制胜的，就是用兵如神。曹操在《孙子兵法》此处有注：势盛必衰，形露必败，故能因敌变化，取胜若神。

孙子接着讲，金、木、水、火、土五行相生相克，没有哪一行能够独占优势；春、夏、秋、冬四季交替变化，没有哪一季是可以固定不移的；白天随着季节变化有长短，月亮随着时间流逝有圆缺。他这段话的意思是，世间万物，变化永恒；用兵之法，也没有定法，没有最好的、不变的兵法，要根据永恒的变化，靠无穷的应变做到战场取胜。

然而，流水靠自然的力量（重力的牵引），就知道哪儿低、哪儿有空隙，自然就会流到那里去。而用兵需要指挥，指挥者事先需要知道敌方的虚实,然后才可以选择避实击虚。所以,做到"兵形象水",前提条件还是主动权在手(能够自主决定、行动自由),前提是要看准(洞察知情,知道该在哪个方向用力、用功)。克劳塞维茨说,对于统帅来讲,正确而准确的眼力比诡计更重要,更为有用。人们常说,事业成败,在人才;人才高下,在见识。见识是行动之始,是制胜之始,没有比见识更重要的了。

总的来讲,"虚实篇"的核心是避实击虚。由于物质准备和兵力是既定的、有限的,战场上的时间及空间也是有限定条件的,要达到避实击虚的目的,需要做到虚实相济。大原则还是"致人而不致于人"。只有我方掌握主动权,有行动自由,且能限制敌方行动自由,才有可能做到避实击虚。布局造势上的奇正之变,目的也是形成战场上的虚实变化。奇正之变,主动权在我方;虚实的形成,由敌我互动共同造成,不是由我方事先控制。所以,战场争斗是机会的领域,只有始终掌握战场主动权,才有可能抓住战场机会。

虚实是相对的。敌我决战,特定的时间空间内,谁的力量占据明显的优势谁就为实,另一方则为虚。必须充分考虑、正确估量敌方的情况,才有可能营造避实击虚的局面,取得战场胜利。知敌，是决策的前提和基础，是行动的指南和依据。更多时候，受到兵力、物质条件和时间空间的限制，我方在战场安排上虚实相济是常态。虚虚实实，虚中有实、实中有虚，是战场不得已的常态。

虚实也可以相互转化。虚到极处，可转化为实，宫本武藏说："万念俱空，是攻敌之一大秘诀。"实到极处，反而会使敌方有可乘之虚。有时，对手的优点、实处，在不同环境下可能会转换成理想的攻击点。这是因为对手更多地关注自己的弱点，并积极预防和补救，却对自己的优点、实处相对大意和自负。因此，不失时机地因势利导，合理利用，常常可以出奇制胜。做好虚实转化的准备，需要在兵力部署上留有余地，手握余奇。虚实相济，方能稳操胜券，立于不败之地。

关于避实击虚，刘伯承讲：一是要了解敌方指挥官的特点，多疑者想办法使之更加狐疑，寡断者想办法使之更加犹豫。二是虚要虚得合理，要虚中有实，切忌虚而虚之的冒险主义。三是以弱对强，先示之以弱，采取后发制人策略，找到敌人破绽之后，再出奇兵痛击之。四是实中有虚，行动要特别注意伪装，使敌人难以预料，难以识破。一般先给敌人以甜头，诱敌深入，才好关门打狗。五是虚和实是辩证的、变化的。因此，将领要聪明、多谋善断、灵活主动，才能正确掌握虚实之要，巧妙运用。战斗之先，详细察明敌人军队的布势，哪里力量薄弱（虚），哪里力量强劲（实）。在作战中要主动避开强劲的地方，去攻击薄弱的地方。此外，我方要虚张声势，迷惑、引诱敌人，诱使其分散兵力，将兵力部署在没有用的地方。我方选择的攻击目标，一般是敌方部队的接合部、阵地的侧背或突出部，特别注意寻找其指挥机关，攻破其首脑，收效特大。

"打得赢就打，打不赢就走"的游击战法，是在我弱敌强条件下典型的避实击虚之策。"游"用以掩护自己的弱点，寻找敌人的弱点；"击"用以发扬自己的特长，避开敌人的特长。该出虚的时候，用实就会形成浪费和消耗；该出实的时候，用虚就无法取得预期的效果。

刘伯承总结了"以弱耗强，以强灭弱；以散耗集，以集灭散"的十六字要诀。大意是，用我们弱的部队去消耗敌人强的部队，为的是用我们强的部队来消灭敌人弱的部队；用我们分散的部队去消耗敌人集结的部队，为的是用我们集结的部队来消灭敌人分散的部队。这是经验之谈。

总的来说，"形篇"、"势篇"和"虚实篇"，三篇所述，总括了《孙子兵法》中的战争艺术。三篇虽各自独立,实际上却密不可分,共同展示了战场取胜之道。形,讲攻守两全,守则立于不败之地,攻则不失敌之可败之机。势,讲奇正之变,因敌而变,出奇制胜。虚实,讲谋形、布势所要达到的战场结果,即以实击虚。兵形如水,避实击虚,是战争艺术总的原则要求。

【注】

21 五行:古人认识世界的基本方式,先秦时期的哲学家用五行理论来说明世界万物的形成及其相互关系。

军争篇

从"军争篇"开始,《孙子兵法》进入战场实操阶段,主要是技术层面的讨论。

所谓军争,指两军争先、争利。所谓争先,是指率先进入预定战场。"虚实篇"讲,凡先处战地而待敌者佚。能否夺取先机之利,与能否掌握战场主动权关系密切。先到达战场,先敌部署展开,占据有利地形,取得了先机之利,就会取得战场主动权。争先就是争利,占据了先机,就是争取到了有利的战场制胜条件,所以争先与争利其实是一回事,目的都是取得战场主动权,以"致人而不致于人"。否则,如果不能争先,就会丧失主动,一切奇正、虚实,就成为空谈。所以,在战争实践阶段,孙子尤为重视争先。

【原文】孙子曰:凡用兵之法,将受命于君,合军聚众,交和[1]而舍[2],莫难于军争。军争之难者,以迂[3]为直,以患为利。故迂其途，而诱之以利，后人发，先人至，此知迂直之计者也。

故军争为利，军争为危。举军[4]而争利，则不及，委军[5]而争利，则辎重捐。是故卷甲[6]而趋，日夜不处[7]，倍道兼行[8]，百里而争利，则擒三将军，劲者先，疲者后，其法十一而至；五十里而争利，则蹶[9]上将军，其法半至；三十里而争利，则三分之二至。是故军无辎重则亡，无粮食则亡，无委积[10]则亡。

【译】孙子说，凡兴兵打仗，主将接受国君的命令，从动员组织军队，到与敌人两军对垒，在这个过程中，最难的就是争取先机之利。两军争先、争夺战场主动权，之所以最难，是因为要把看起来难走的路变成事实上易走的路，把看起来是困难、不利的因素化为有利的因素。所以，在奔赴战场时要选择那些迂回的弯路，并用小利来引诱、干扰敌人做出错误的判断和行为，从而达到即使比敌人后出发，也能比敌人先到达预定战场的目的。做到这些，主将才是一个懂得运用以迂为直方法的将领。

军争是为了取得先机之利，但军争的过程是危险的。如果全军带着粮草辎重去争先，就不太可能按时到达预定区域。

如果放下粮草辎重去争先，军队就会丢失粮草辎重（即便抢先了也难以为继）。因此，士兵卷起甲衣下摆急行军，昼夜不停，以加倍的速度前行，急行军百里去争先，这种情况下军队中强壮的士兵可以先到，疲弱的士兵就会掉队，大约有十分之一的士兵到达，（由于士兵疲惫兵力不足）这种情况下三军将领都要面临被俘虏的命运；如果急行军五十里去争先，那么先头部队的将领将会遭遇挫败，大约会有一半的士兵可以到达；如果急行军三十里去争先，大约会有三分之二的士兵能够到达。要知道军队没有武器装备就没法打仗，没有粮食接济就不能生存，没有物资补充、后勤支援同样无法战斗。

【记】孙子认为，要想夺取战争的主动权，必须夺取先机，为取胜创造条件。谁掌握了先机，谁就有很大可能掌握战场主动权，从而取得胜利。而要想取得先机，就必须比敌人先到达预定作战地点。所以，军争的实质是敌我双方的军队围绕谁先到达战场而展开的竞争。孙子认为，两军争利的难点在于，变迂远为直近，化不利为有利。如何迂回、避开敌人的阻挡以保证自己能够走得通，如何干扰敌人、引诱敌人走向错误的方向，从而后发先至，是主将首先要考虑的。

军争的目的是抢先占领有利的地形，及时抓住有利的时机，形成于我有利的战场态势。军争之难，在于慢了不能抢占先机，快了人和物资装备都跟不上，孤军深入往往会将自己置于危险的境地。如何解决问题？孙子讲以迂为直、化害为利。

何为迂？何为直？一是路线是否能走通，如果直线走不通，或代价太大，绕弯路是好的选择，那些看起来太容易取得的胜利往往是不真实的。二是到达的时机问题，要恰到好处地出现在该出现的地点，有时就要掌握节奏，故意放慢步伐，或做些迷惑敌人的事（示形于敌）。是迂是直，总的原则是服从战略部署和战术需要。有些情况下，远而虚者，易行，行动快，费时少，反而成了事实上的直。近而实者，重兵阻挡，难行难进，费时多且未必有所进，会成为事实上的迂。使用直接手段往往会欲速而不达，而使用间接手段却往往能达到直接手段所不能达到的目的。三是军事行动一旦启动，敌我双方便时时处于博弈状态，敌动我动，我动敌亦相应做出行动，面对的将是一个动态的局面。如何在行动中迷惑、调动敌人，也是行军过程需要考虑的一个重要问题。

利德尔·哈特在《战略论》中讲，名将宁愿采取最危险的间接路线，也不愿驾轻就熟地走直接路线。必要时，只率领小部分兵力，越过山地、沙漠或沼泽，甚至于与其本身的交通线完全断绝关系。他说，在战略上，最漫长的迂回道路，常常是达到目的的最短途径。[①] 所以走间接路线，即避开敌人所自然期待的进攻路线或目标，在攻击发起之前，出其不意地打击和震撼敌人，使之惊慌、动摇，在心理上和物理上丧失平衡（因为间接性虽然是物质的，但产生的效果一定也是心理的），诱使敌人做出错误判断和部署。同时，不能让敌人一眼就看清我方的虚实和意图，也是"迂"的考虑。当然，是迂还是直，军争策略的选择，还应以队伍的战斗力和机动能力为基础。

同一条路，是迂是直，根据走路的人（敌或我）、走路的时间而定。一切都要根据战场以及敌我双方的情况而变化。一般而言，没有固定的迂，也没有固定的直，或者讲没有预设的迂，也没有规划好的直，走得通就好。

当然，以迂为直也不是故意去"迂"。比如说"兵以诈立"，只有当兵力情况处于明显劣势，别的办法少有成功的希望时，诡诈才能成为最重要的手段。但是，诡诈不能持久，持久必败。

---

① 利德尔·哈特：《战略论》，战士出版社，1981。

在战略安排上，要想通过兵力部署等常规动作诱使敌方受骗，通常情况下是得不偿失的。长时间让大规模的兵力伴动装模作样欺骗对方是很危险的。一是己方消耗很大；二是兵力调动效率会受很大影响，有时不仅骗不到敌人，反而扰乱己方心神，多半是得不偿失。在占据优势地位或双方旗鼓相当时，不允许过多玩弄诡诈把戏，只能采取直接而果断的行动。虽说"以迂为直"，如果简单直接能够达到目的，谁还会耐着性子去迂回呢？

"以迂为直"的直接目的是把握有利的时间，占据有利的地点。有利的时间是以逸待劳、战机最佳的时间；有利的地点是我方可以以实击虚、以优势兵力投入敌人薄弱环节的地点，有利地形在我方，得之则可牵制敌人、出其不意攻击敌人。

"以迂为直，化害为利"，也可理解为时间与空间的合理配置。关键是用时间换有利空间，或用空间争取时间。抓住我方想要的时间，其余的时间可以用来积蓄力量、移动空间、示形动敌、消耗敌人。占据有利的位置，其他位置可以诱敌深入，用来争取时间。时间与空间的恰当配合，在关键的时间、关键的点上形成压倒性的优势，是军争之要、取胜之道。

与强手相争，长期来看又非争不可，就以时间换空间。"忍一时之气，免得百日之忧"，主动让步，退避三舍，避敌锋芒，养我锐气，以图来日。在争的过程中，应当以当前及未来得失的计量，来决定当下的行动。利益是当下，道义为长远。是选择当下的利益，还是长远的道义，就看实力、机遇，以及对未来的判断了。

综合来看，迂与直的关系，迂是常态。也就是说，走弯路，不顺利是常态，是真实的。如果双方实力并不悬殊，我方有时过于顺利，反而是不真实的。生活的经验告诉我们，迂是必然，直是偶然，办事太顺利了，就要警觉其是否真实。更多的时候，直其实就是陷阱。更多的时候，直会成为事实上的迂。迂，在更多的时候，就是事实上的直。

尼采的《查拉图斯特拉如是说》中讲道："一切美好的事物都是曲折地接近自己的目标，一切笔直都是骗人的，所有真理都是弯曲的，时间本身就是一个圆圈。"[1] 或许，以迂为直就是社会的普遍规律吧。

---

[1] 弗里德里希·威廉·尼采：《查拉图斯特拉如是说》，上海三联书店，2020。

【注】

1 交和：军门称为和门，两军相对、对峙称为交和。

2 舍：房子，这里指扎营。

3 迂：曲折，绕远路。

4 举军：全军。

5 委军：委，抛弃，丢下。抛弃、丢下辎重轻装前进的军队。

6 卷甲：据《西夏文〈孙子兵法三注〉研究》，指卷起甲衣下摆，以便士兵行军时减少两腿阻力，大步前进。

7 日夜不处：不处，即不休息。昼夜兼程。

8 倍道兼行：行军速度加倍，一天走两天的路。

9 蹶：挫折、挫损。

10 委积：军用物资。

【原文】故不知诸侯之谋者，不能豫[11]交[12]；不知山林、险阻、沮泽[13]之形者，不能行军；不用乡导[14]者，不能得地利。故兵以诈立[15]，以利动，以分合为变者也。故其疾如风，其徐如林，侵掠如火，不动如山，难知如阴，动如雷震，掠乡分众[16]，廓地分利[17]，悬权而动。先知迂直之计者胜。此军争之法也。

【译】所以不知道诸侯国（敌对方）真实情况和内心想法的，不能与他交兵。不熟悉山林、险阻、水网沼泽等地形的，不能行军。不用向导的，不能得地利。所以兵以诈立，根据是否有利的原则采取行动，以分进合击（奇正变化）来应对战场形势变化。所以，军队行动的时候要像疾风一样迅猛，慢下来的时候要像树林那样严整，进攻时要如同烈火焚烧山林那样势不可挡，安营扎寨时要如同山岳一般难以撼动，难以窥测就如同阴天不见日月星辰，一旦动起来如同迅雷不及掩耳一般。通过骚扰、抢掠敌方多个地方以吸引、分散敌方兵力，通过示形佯动扩大作战面来分散敌方的注意力，综合考量如何对我有利、对敌有害然后采取行动。懂得运用以迂为直方法的主将能够取得胜利。这些就是军争的原则。

【记】当你面对一个你不了解的敌人时，不要盲目地、急着与他交战。先摸清楚他的虚实、意图，然后再行打算。

所谓"兵以诈立"，是指给定交战双方客观军事力量的前提下，想要战场取胜，全靠发挥人的主观能动性，全靠主将运筹帷幄。"计篇"所谓诡诈手段的使用，是决定战局胜负的关键。

如果想要取得战场主动权（立），致人而不致于人，就要尽可能地掌握敌方的情况，而不让敌方掌握我方的情况。如何做到？只能是奇诈多变（示形），让敌人摸不着头脑，以欺骗敌人扰乱敌方视线的手段，达到后人发、先人至的目的。所谓"以利动"，是指必须根据行动结果对我方是否有利，再决定是否采取相应的行动。有利则动，无利则止，一切行动都是基于利害的考虑，动敌也要从诱之以利下手。所谓"以分合为变"，就是所谓的奇正之变，分进合击。"兵以诈立，以利动，以分合为变"这句话，可以说是兵法的真谛。

孙子说，军队快速行动时，像狂风骤雨一般，让敌人来不及反应；军队慢慢移动时，像一座严整的森林，让敌人无从下手；进攻时，像烈火一般冲向敌人；驻守时，像山岳一般屹立不动；隐蔽时，要让敌人像阴天看不到日月星辰一般；行动起来，如同万钧雷霆；分兵数路，四处骚扰吸引、分散敌军；虚张声势，装模作样扩大作战面，以转移敌人的注意力、扰乱敌人心神；一切都要权衡形势，相机而动。在前进的路上、奔赴战场的途中，要为战场取胜、最终形成以实击虚的局面大做文章，这就是以迂为直，这就是军争的原则。

概括起来，一是要对敌人的战略意图、战略部署心中有数，对战场地形心中有数，对行军路线和战场的地理风俗心中有数，这是军争的前提。二是用兵以诡诈、有利、善变为原则，怎么对我有利、对敌不利，就怎么来。三是行军纪律和军队的战斗力要有保证。有此三点，方可谈以迂为直，漫长的战略路线才能成为到达目的地的最短路途。否则，漫长的消耗会展示出军争的另一面，军争为危。

【注】

11 豫：与。

12 交：交兵，即打仗。

13 沮泽：水网沼泽地。

14 乡导：向导。

15 兵以诈立：用兵当以让敌人搞不明白我方意图、动向为原则。在战争过程中，尽量设法欺骗敌人、引诱敌人，让其对我军意图、动向产生我方所希望的错误判断，从而达到后人发、先人至的目的。

16 掠乡分众：故意派小股部队骚扰、抢掠敌方的多个地方，以吸引敌方分兵救援、防御。

17 廓地分利：通过示形扩大作战面来分散敌人的注意力。

【原文】《军政》曰：言不相闻，故为金鼓[18]；视不相见，故为旌旗[19]。夫金鼓旌旗者，所以一人之耳目也。人既专一，则勇者不得独进，怯者不得独退，此用众之法也。故夜战多火鼓，昼战多旌旗，所以变人之耳目[20]也。

【译】《军政》说：战场指挥时靠说话士兵听不到，所以才敲击金属和战鼓来传递命令信号；战场指挥靠肢体动作则大家看不见，所以才靠挥动旌旗来传递命令信息。这些金鼓旌旗都是用来传递信息以统一军队作战行动的。军队的行动得到了统一，则勇敢的士兵不能单独前进，怯懦的士兵也不能单独后退，大家步调一致，这就是指挥军队的方法。所以在夜晚（由于视线模糊）指挥军队时要多使用火把和战鼓，白天指挥军队时要多使用旌旗。之所以变换这些指挥信号，都是为了适应士兵在自然环境下视听能力的变化，确保士兵都能接收到战场命令。

【记】这里的金鼓与旌旗就是"势篇"中"斗众如斗寡，形名是也"的"形"与"名"。目光所见为形,即旌旗。耳听为名,即金鼓。

大意是,战场上用敲击金、鼓传出的声音来指挥号令军队,是因为指挥官说话的声音远处听不清或者听不见。战场上用旌旗来指挥号令军队,是因为指挥官的手势动作远处的人看不清或者看不见。用金鼓旌旗来号令全军,目的就是让全军接收到号令,服从统一的指挥。这样勇敢的将士不会单独前进,胆怯的也不能独自退却,这是军队作战的必然要求。指挥大军作战,要做到步调一致、行动统一,前提是让众人接收到清晰准确的号令。所以,夜间作战,要多用火光传递视觉信号,用金、鼓敲击传递声音信号;白天作战,就要多用旌旗来传递战场信号。确保指挥官的作战意图能够准确清晰地传达给军队。

号令统一、行动统一是打胜仗的前提和基础。确保用统一、高效的通信工具和联络信号传达命令、进行指挥。令出多门是不能被允许的,命令传递过程中信号失真也是应当杜绝的。

其实指挥官的能力素质,从军队基本制度的落实情况,从士兵日常习惯中,都能看出一二。越是基础的、基本的、简单的事情,这方面的制度要求越是难做到位。基本动作做不到位,要想在战场上令行禁止,比登天还难。平时整齐如一的部队,如果没有经过战争的考验,战时难免也会出现混乱。一个平时松松垮垮的部队,想让其在战时整齐起来,那是不可能的。

对军队执行力的训练,更是能够看出一个指挥官最为基本的素质。战机转瞬即逝,军队对作战指令的执行,不需要也没有时间去理解、去思考,只能执行。如果战场上接到命令,还要问一个为什么,这样的军队只能是一盘散沙。执行命令的意志和能力,要靠平时反复训练,只有把军队士兵训练得令行禁止才算有效。

在战场上指挥官的命令能够及时有效地传达到位,士兵接收到命令后能够毫不犹豫地执行到位,做到了这些,才是懂得用众之法的人。

【注】

18 金鼓:古代用于指挥军队的器具。一般情况下,士兵听到鼓声应勇猛前进,听到金属敲击声应收兵,即所谓擂鼓进军、鸣金收兵。

19 旌旗:泛指旗帜。一般来说,旌是羽毛标示物,由基层部队使用;旗是布面指示物,由高层部队使用。

20 变人之耳目：根据自然环境的变化来改变指挥信号（的使用），以适应士兵视听能力的变化。

【原文】故三军可夺气[21]，将军可夺心[22]。是故朝气锐，昼气惰，暮气归。故善用兵者，避其锐气，击其惰归，此治气者也。以治待乱，以静待哗，此治心者也。以近待远，以佚待劳，以饱待饥，此治力者也。无邀正正之旗，勿击堂堂之陈，此治变者也。

故用兵之法，高陵勿向[23]，背丘勿逆[24]，佯北勿从，锐卒勿攻，饵兵[25]勿食，归师勿遏，围师必阙[26]，穷寇勿迫。此用兵之法也。

【译】所以军队的锐气可以挫伤，主将的意志可以动摇。军队初战之时，士气旺盛，过一段时间消磨下来，会逐渐怠惰，到了最后，士兵就会疲惫气衰，想着早点归去。所以善于用兵的主将，会主动避开敌人锐气旺盛的时候，等到敌人松懈疲惫之时再与敌人开战，这是掌握军队士气变化规律的做法。会以自己军队的严整来面对敌人的混乱，以自己的镇静面对敌人的哗乱，这是掌握军心变动规律的做法。会以自己靠近战场等待敌人的长途跋涉，以自己的轻松对待敌人的疲劳，以自己的物资储备充足对待敌人的饥寒交迫，这是掌握军力变动规律的做法。不去迎击旌旗招展、部署周密的敌军，不去攻击阵容严整、实力雄厚的敌军，这是掌握战场变化规律的做法。

所以用兵的方法，不要去仰攻处于高地的敌军，不要正面攻击背靠高地的敌军，不要跟踪追击假装败退的敌军，不要进攻锐气正盛的敌军，不要理睬故意引诱我方上钩的敌军小股部队，不要阻拦正在撤退回国的敌军，包围敌军时要故意留出缺口，不要逼迫陷于绝境中的敌军。这些都是用兵应当掌握的原则。

【记】主将的意志力、军队的士气，是决定战场胜负的关键因素。军争之要，还在于想办法挫伤敌军的士气，因为军队的战斗力，还取决于战场决斗之时的士气。军争之要，更在于想办法动摇敌方将军的信心。《吴子·治兵》讲：用兵之害，犹豫最大；三军之灾，生于狐疑。这是千古名言，是《孙子兵法》中都找不到的名言警句。

古人用兵，很重视扰乱和动摇敌将决心。扰乱敌人将领心神是非常重要的，攻其无备，出其不意，让敌军主将心神不宁，是掌握战场主动权最为有利的条件。李靖讲：攻者，不止攻其城，击其阵而已，必有攻其心之术焉。

孙子在这里讲了"四治"。

一是治气。就是把握住攻击的节奏，在敌人士气低落时再发起进攻。因为军队初战时，士气比较旺盛，战斗一段时间以后，就会逐渐怠惰，到了战斗后期，剩下的兵士就会气竭思归。所以，善于用兵的将领，总是会避开敌人的锐气，先行消耗敌军，等到敌人疲惫不堪、士气低落时，再用有生力量去打击他。

二是治心。以自己的整齐、井然有序对待敌人的混乱，以自己的镇静对待敌人的喧哗、躁动不安。所谓治心，能够做到"泰山崩于前而色不变、麋鹿兴于左而目不瞬"，安静坚固，不为事扰，不为利惑，然后能制利害，这才是为将之才。

三是治力。就是以近待远、以逸待劳、以饱待饥，以有力待无力，以有余制不足。

四是治变。因敌制胜，必须等待敌方露出破绽之时。一般情况下，不要去迎击旗帜整齐、部署周密的敌人，不去攻击阵容严整、实力雄厚的敌人。因敌制变，敌不变，无机可乘，我亦不妄动。

能够掌握"四治",可以保障我方在军争中不落人后。概括地讲,所谓"四治",就是要有良好的精神状态,士气高昂;要有清醒的认识,必胜的信念;要劳逸结合,保持足够的战斗力;要善于察敌情,寻敌破绽,乘虚而入。

兵法又讲,在战场上,不要去仰攻处于高地的敌人,不要去正面进攻背靠高地的敌人。一般情况下,自下趋上者力乏、自高趋下者势顺。如果仰攻,战场形势发展,在地势方面会越来越对我方不利。

不要去追击没有真正败退的敌人。敌方虽在撤退,如果旌旗不乱、队形有序,就不要去追击。

不要去进攻士气正盛的敌人。

不要理睬故意引诱我方上当的敌军。

不要阻拦撤退回家的敌人,不要去逼迫陷于绝境中的敌人。否则,困兽犹斗,反而会激发敌人的士气和战斗力。

包围敌军时要留下缺口、开其生路(给敌人留出逃跑的方向)。故意留一缺口,消除敌人死战之志,迫(诱)敌脱其所恃,入我瓮中。刘伯承将此发展为"围三缺一,网开一面,虚留生路、暗设口袋"的积极歼灭战战法。

以上，都是战场用兵应当掌握的原则。总的来讲，战场争斗，以减杀敌方的优势、消灭敌方有生力量为原则。

【注】

21 夺气：挫伤（敌军的）士气。

22 夺心：动摇（敌将的）决心。

23 向：指仰攻。

24 逆：指正面迎击。

25 饵兵：作为诱饵故意引诱我方上钩的敌方小股部队。

26 阙：缺。

九変篇

"军争篇"讲战场用兵的常法,"九变篇"讲战场用兵的变法。所谓用兵的变法,就是以奇用兵,临事适变,灵活机动,应变自如。

《孙子兵法》十三篇中,此篇文字最短,却历来争议很多。篇名九变,至于是哪九变,历来争论不休,没有定论。从内容上看,本篇孙子先是讲述五种地形下不同的处置原则,再讲五个"有所不",接着是杂于利害、三种手段、有备无患,然后讲"将有五危"。兵法讲因敌而变,敌的核心是将,抓住敌将的破绽,设法求变,应当是战场求变的最高境界。

【原文】孙子曰:凡用兵之法,将受命于君,合军聚众,圮地[1]无舍,衢地[2]交合,绝地[3]无留,围地[4]则谋,死地[5]则战。涂[6]有所不由[7],军有所不击,城有所不攻,地有所不争,君命有所不受。故将通于九变之地利者,知用兵矣。将不通于九变之利者，虽知地形，不能得地之利矣。治兵不知九变之术，虽知五利[8]，不能得人之用矣。

【译】孙子说，凡兴兵打仗，主将接受国君命令，动员组织军队出征，遇到低地洼处不可驻扎，到了几国交界、四通八达之处要（事先）结交当地的势力，路过缺水少草的不毛之地不要停留，进入道路狭窄、进退两难易被敌军包围之地要设法脱离，陷入前有强敌、后无退路的死地只能奋勇作战以图生计。有的道路虽可走但不要走；有的敌人虽可打而不要打；有的城池虽可攻但不要去攻；有的地方虽可争取但不要去争取；即便是国君的命令，有的情况下也不能接受。所以，主将精通以上各种战场变化的，就是懂得用兵了。主将不能精通以上各种变化的，虽然了解战场地形，也不能得到地利。指挥军队不知道各种战场变化的方法，虽然知道五利，也不能充分发挥军队的战斗力。

【记】大意是，用兵之法，将军领受国君的命令，领军出征。在低洼之处不要驻留，在四通八达的地方要注意与周围势力结交，在通行不便且无生存条件的地方不要停留，在通过出入通路狭窄的地方时要预先谋划，在进退两难的地方要决心殊死奋战求生存……要根据地形条件的不同，采取不同的作战策略。

有的道路可以通过但不要从此通过，原因是可能会使我军置于险地，也有可能会暴露我军战略意图等。有的敌军可以轻取但不要向其发动进攻，因为这可能是敌人的饵兵，或者我方有更大的战略意图。有的城池不要攻占，比如该城池没有处于关键节点上，攻而无益；或者易守难攻，与其久攻不下，不如不去强攻。有的地方不要争夺，不毛之地不要争夺，夺取之后无法占领之地也不要去争夺。国君有的命令可以不遵从，一切根据战争形势发展的需要由将领临机制宜。只有懂得临机应变的将领，才能因敌制胜。

以奇用兵的核心是变。孙子列举了五种地形情况下的适应性对策，并提出不固守常法的"五不"，要求战场主将一切根据战场形势变化，有所为有所不为，有所取有所不取。强调将领要有独立的思考和判断能力，善于临机制变，充分调动、发挥军队的战斗力，真正掌握用兵之道。这要求主将能够透过现象看本质，综合比较，深入分析，权衡利弊，唯利是动。

虽然表面上看，容易通过的路不走、能够轻取的敌人不攻、能够夺取的城池不占、能够占领的土地不夺，甚至连国君的命令也不遵从，这些做法似乎违背了常理、不遵守成规，实际上却是主将临机制变，更好地遵从战争规律，争取战争主动权，为战争胜利争取条件的做法。

能够采取合乎现实却看似不合常理的做法，主将必须胸中有全局，灵活处置瞬息万变的战场情况。军事行动必须遵循战争的规律，不去计较一城一地得失，能够放弃局部的小利来换取更大的胜利，做到枝节服从主干、短期服从长期、眼前服从长远、局部服从全局、战术服从战略。

主将能否临机制变，除了主将个人的能力素质之外，一个更为重要的前提条件是，主将能够有勇气，一切以战局为重，不单纯为了规避责任而消极执行、盲目服从上级的命令。这当然要求主将有高度的责任感，能够进不求名、退不避罪，但更重要的是，要求主将的上级具有高远的眼界和宽阔的胸怀，能够给主将以临机处置之权。如果没有主将对战争胜利的高度责任心，没有上级对主将的充分信任和授权，要想做到临机制变，分清楚主将是灵活处置还是违抗命令，都是非常困难的。

【注】

1 圮地：水网、湖泊等低地洼处。

2 衢地：几国交界、四通八达之处。

3 绝地：不毛之地。

4 围地：道路狭窄、险迂，容易设伏之地。

5 死地：前有强敌、后无退路，或者后有追兵、前无通路之地。

6 涂：道路，后作"途"。

7 由：经过。

8 五利：有两说，一说文中五种"有所不"，一说五种地形下的临机应变。

【原文】是故智者之虑，必杂^{9}于利害。杂于利而务可信也，杂于害而患可解也。

【译】所以智者考虑事情，一定会兼顾到利和害两个方面。考虑有利的方面有助于提高信心，考虑到有害的方面可以防患于未然。

【记】关于杂于利害，曹操批注：在利思害，在害思利。似乎比孙子更高一筹。

一事之成，组成事物诸要素是促进成功的因素还是导致失败的因素，是利是害，并没有固定的一成不变的结论。同样的一个人、一件事，有时会成事，有时会坏事。利害关系随时间、空间各种环境甚至是心理的变化而变化，利可转化为害，害也可转化为利，既有化害为利的高明做法，也有不少固利为害的愚蠢行为。分析事情时，多从利的方面讲，有利于鼓舞士气，增强必胜的信心；多从害的角度考虑，有利于查漏补缺，防患于未然。

《孙子兵法》"九变篇"讲的不是常法，而是变法。变与不变，指挥棒是利与害。为了趋利避害，才需要变。一切行动都以趋利避害为标准来做出决断和选择。首先是主将能够全面地权衡利弊，分析各种可能性，只有充分考虑到有利的一面，才能下决心，才能有信心，任务才能坚决执行。同时又要充分考虑到有害的一面，才能预先躲避、排除祸患。全面考虑问题，灵活处置各种情况，两利相权取其重，两害相权取其轻。其次是综合考虑必要性和可行性，不能头脑发热、一厢情愿。一般而言，以必要性为前提，如无必要，即便可行也不要去做。以可行性为标准，如果没有可行性，条件不具备，就不要急于去做。必要性、可行性同时具备的事情，就要下定决心去做。最后是事物没有绝对的利，也没有绝对的害，利害常常是相伴相生的，也是可以相互转化的。主将就是要积极创造条件扩大和巩固利的因素，避免和消除害的因素，力争化害为利。

战场行动，一切都要为战争胜利负责。简单地讲，有利于促成战场胜利的因素，就是利；有可能导致战场失败的因素，就是害。战场实践，胜利和失败有时候仅仅是一线之隔、一步之遥。有利局面中往往隐藏着危机，而不利局面中也常常包含着制胜的可能性。主将必须全面辩证地看待利害关系，见于未萌，预做打算。顺利时能够沉着冷静，见利思害，防止意外；挫折时要不失信心，在害思利，坚持不懈，为摆脱被动、争取胜利做准备。没有绝对的永远不变的利，也没有绝对的永远不会改变的害。趋利之时，想一想可能产生的害，有没有预防的手段，能不能承受？避害之时，想一想是否有可能转变为利的可能，能不能多争取一些主动权？曹操讲的在利思害、在害思利，就是变的缘起。

【注】

9 杂：兼顾（到）。

【原文】是故屈[10]诸侯者以害，役[11]诸侯者以业[12]，趋[13]诸侯者以利。

【译】所以，强迫诸侯按照我方意愿行事要采取武力威胁、逼迫的方式，役使诸侯按照我方意愿沉湎于某种事业要采取思想干扰、控制的方式，引导诸侯按照我方意愿行事要依靠利益诱导的手段。

【记】在这个社会上，古往今来，对付人的手段无外乎三种：武力胁迫、精神控制和利益诱导。一是武力胁迫，让人们畏惧、恐惧，不得不按照你的意愿行事。二是思想控制，改造人的思想，让人们不假思索地按照你预定的方向行事。三是利益诱导，用经济的手段，让人们从你所希望的行为中获利。当然，这三种方式虽各有其特点，但可以并行，方式方法选择得当，两种或者三种方式并行，效果更好。这方面，军事行动中如此，日常社会活动中也是如此。

【注】

10 屈：委屈，逼迫。

11 役：役使。

12 业：事业。

13 趋：奔走。

【原文】故用兵之法，无恃¹⁴其不来，恃吾有以待也；无恃其不攻，恃吾有所不可攻也。

【译】所以用兵打仗的法则，不要寄希望于敌人不会来侵犯，而是要依靠自己的充分准备、严阵以待。不要寄希望于敌人不会主动进攻，而是要依靠自己防守严密，依靠自己有敌人无法战胜的实力。

【记】上一段话讲的是致人，即如何操控他人。这一段话讲的是不致于人，即如何事先准备妥当，把战争的主动权、战场胜负牢牢地掌握在自己手中。

望人者不至，恃人者不久。把希望寄托于别人是靠不住的，关键的事情还是靠自己，亲力亲为。有备才能无患，解决问题只能靠自己的实力,万不可心存侥幸。而事先做好各种准备,确保我方立于不败之地的要诀在于,对双方的利害关系能做出周密的动态评估。

有备无患。孙子的"恃吾",就是靠自己,自己以积极的姿态,主动做好应敌的各项准备。只有自己准备妥当了,无论外部形势如何变化,都可从容应对,都有回旋余地。谈有谈的资本,打有打的条件。只有这样,只有积极备战,才能起到少战的效果;只有强大的实力做后盾,才会避免无谓的纷争,立于不败之地。

《孙子兵法》"谋攻篇"中"以虞待不虞者胜",讲的也是有备无患的道理,强调不打无准备之仗,是更加积极的有备无患。事先做好充分准备,加强战略规划、修明政治、动员民众、预算投入、储备物资、日常训练、应急演练等,都是确保我方安全的必要条件。

一个合格的军事家,一定要有时刻把握战争主动权的意识。对战争不可避免,一定要有深刻的理解,必须时刻做好战争的准备,树立有备无患的思想,方可确保国门安全。

【注】

14 恃：依靠，依仗。

【原文】故将有五危：必死[15]，可杀也；必生[16]，可虏也；忿速[17]，可侮也；廉洁，可辱也；爱民，可烦也。凡此五者，将之过也，用兵之灾也。覆[18]军杀将，必以五危，不可不察也。

【译】主将有五种（因性格特点带来的）危险：作战勇猛、只知死拼者，容易被敌诱杀；临阵畏缩、贪生怕死者，很有可能被敌俘虏；急躁易怒者，容易在敌人的挑衅下妄动；廉洁爱名者，容易在敌人的故意侮辱下失去理智；溺爱兵民者，容易在敌人的烦扰下陷于被动。以上五种，是主将（性格特点中）容易犯的过失，是用兵的灾害。战场失利、主将被杀，都是敌人抓住主将这五种性格特点乘机造成的。这是为主将者不可不慎重考虑的。

【记】大意是指，为将者如果不知道变化，不识权变，执于一端，则敌人就会乘其隙而杀之。孙子讲了五种情况。为将者，只知道死拼硬打而不知死中求生，敌方会设计诱而杀之；只知道贪生怕死而临阵畏缩，敌方会勇猛向前将其擒拿；为将者刚愎自用、心胸狭隘、脾气急躁，敌方会故意侮辱他使他失去理智；廉洁之将，可以通过将其污名化来牵制他的心神；只知道仁义爱民，敌方会攻其所爱，使其疲于应对，从而失去战场的主动权。以上这五种情况，都是将领执于一端、不知权变、漏出破绽、为敌所乘造成的，都是用兵的灾难。

《孙子兵法》"计篇"中讲，将者，智、信、仁、勇、严也。这五者，是为将者五种美好的德行。五危与五德，放在一起比较，更能讲清楚问题。智本是美德，但智者往往慎重过度，并且太重视个人安全，于是便会缺乏冒险精神，不愿死中求生、拼命一搏，而宁愿束手就擒；信本是美德，但若过分信守计划、规律、承诺，则敌方就很容易通过挑衅来激怒他；仁本是美德，但若过分仁慈爱民，则敌方也就可以利用此种爱心使其受到困扰，从而失去主动权；勇本是美德，但好勇过度，则不免急躁求速，就有可能陷入敌方圈套而枉送性命；严本是美德，但若律己过严，过分重视操守，则敌方就可以故意破坏他的清誉，诱使其丧失心理平衡。

为将者的个人品质、心理素质，常常影响到战场胜败。为将者拥有的社会一般意义上的所谓的良好的个人品行，并不是其战场取胜的保障。当然，孙子的本意，也不是要否定勇敢、廉洁、仁义等优秀品质，而是说，在战场的环境下，如果不知权变，这些传统意义上的优秀品质发展到"必"的程度，事物的性质就起了转化，结果是物极必反、为人所乘。为将者个人良好的品行反而会为敌所用，导致其失去战场主动权。

有人解读兵法，把"将有五危"解读成为将者五种性格弱点，这是不准确的。为将者这五种性格特点，不是弱点，正常来讲应当是性格优点。缺点是不知权变、不知变化，重要的是要知变，不能图虚名而处实祸。

《吴子·论将》讲：故将之所慎者五：一曰理，二曰备，三曰果，四曰戒，五曰约。理者，治众如治寡；备者，出门如见敌；果者，临敌不怀生；戒者，虽克如始战；约者，法令省而不烦。吴子的五慎刚好与孙子的五危相济，知五慎可避五危。

克劳塞维茨说："坚强的性格是一种不因最强烈的感情而丧失平衡的性格。"坚强的性格，对为将者来说，尤为重要。浅野裕一也说："名将需要同时具有互相矛盾的多重性格，拥有复杂而又协调的精神。"他们讲的是同一个道理。

综合以上，为将者应有以下四戒。

一戒好名。好名者追求的只是个人之名，为名所累，眼界与胸怀、格局自然不济，必然走到鼠目寸光这一步，有时甚至妒火中烧，驱使自己走向自己的反面，毁了别人也毁了自己。

二戒刚愎。心理上过于自信，常常不能正确认识自己，结果就是不能容下自己人，过于轻视敌人，恃强自傲妄动轻敌。

三戒偏激。偏激之人，成事者少，败事者多。如果不能驾驭自己的感情和情绪，暴怒冲动之下，情绪会带偏理智，为敌所乘。

四戒优柔。情势纷纭复杂，瞬息万变，机会稍纵即逝，为将者身处战场之中，必须做到见利不失，遇时不疑，当机立断。为将者犹豫再三，结果只能是悔恨相伴。

为将之道，战场应对，应当把握好变与不变之道。

战争的最终决定因素，是集中兵力、消灭敌人。集中兵力看起来容易，实行颇难。人人皆知以多胜少是最好的办法，然而很多人不能做、做不到，相反却是每每分散兵力。原因就在于为将者缺乏战略头脑，没有找到"正确的简单"，为复杂环境所迷惑，受环境所支配，随波逐流，失去了主动权和自主性，被迫采取应付主义。

为将之道，贵能明乎变。

《孙子兵法》讲知己知彼，知天知地，都是明乎变的条件。用兵之术，明变为要。变者，从宜而行之。大环境变了，气候变了，地理条件变了，敌方情况变了，我方都要有所变，才能因敌制胜。俗话说，一把钥匙开一把锁，锁变了，钥匙一定要变。有的人察觉变的先机，把握先机可以领导变；有的人等待变化来了跟着变，顺应形势；有的人直到变已经过去了，还在那里埋怨变，这种人已经被时代（有利的时间和空间）遗弃了。

因此，察觉变的先机，揣度变的征兆，把握变的必要，踏上变的节奏，是谓明乎变。

为将之道，更为重要的是，通于恒。

知道要变，以适应环境和条件的变化，然而如何应变？有心之人，方能有我，方能致人而不致于人。心有所恃，才能应对自如，变得恰到好处。苏洵《权书·心术》："为将之道，当先治心，泰山崩于前而色不变，麋鹿兴于左而目不瞬，然后可以制利害，可以待敌。"可为注解。

儒家论"心"，《孟子·公孙丑上》所说的"必有事焉"是儒家真传。"心"这个"内"的东西要无时无刻与"外"在的事结合、联系起来,才起作用。阳明学派论心"为善去恶"似更进一步。否则,心态失衡,内心迷乱,在方法论上执而不化,在处事上扞格不通,纵有学问却为学问所累,纵有经验却被经验所拘,做任何事情都会很辛苦,且难收全功。

宫本武藏在《五轮书》中也说,即使在极端混乱中,也要保持内心的镇定和澄静,同时不忘极端问题出现的可能性。必须时刻保持恒常之心,表面静时心要动,事情急时心不急。露在面上的心要弱,藏在深处的心要强,不要让敌人窥破自己的心态。想要保持内心世界的清纯开朗,能够站在一个更高的角度去思考问题,必须时时勤拭心智。只有把心智锤炼到能够明辨是非、善恶,能广通诸艺而不受世人所骗的时候,才能参透兵法的奥义。

任何时候,都不能失去平常之心。心境开阔率直,保持平衡、平和、舒缓,才能以不变应万变。宫本武藏说兵法大师在决战时要有"岩磐之身",可以突然把自己变成像岩石一样,任何东西都无法接近他、动摇他。即便受到攻击,也要无动于衷,不受干扰,"你必须有不可动摇之伟大心魄"。

克劳塞维茨认为,坚强的性格就是一种不因最强烈的感情冲击而丧失平衡的性格。他在《战争论》中有个比喻:物质的原因和结果不过是刀柄,精神的原因和结果才是真正的锋利刀刃。

兵法战策,都是路边遗物,用与不用,如何来用,一应在人。练习兵法,目的是锻炼自己的身与心,练身是习技能,练心是磨心性。关键是,历经事变以练心,久持心恒以应变。就像不倒翁一样,随外力、环境变化而动,但其内在的心(重心)却能不失其稳定与平衡。变的是不倒翁外在的姿势,或前倾,或后倒,或左歪,或右斜,甚至像陀螺一样转圈儿。不变的是不倒翁紧贴在地面的根底,无论外在如何变化、自身如何应变,不倒翁都牢牢地扎根在地上。仔细思索一下,如果没有恒(不倒翁的重心从不失去平衡),哪里能应变(应付外力、展示出姿态的千变万化)?谁能打倒不倒翁?

如果内心没有不变的东西,一个人就无法从容应对世态的千变万化。城头变幻大王旗,那些你方唱罢我登场的"大王"们,无非如水面上飘零的浮萍一般,光鲜亮丽一些而已。一阵风吹来,这些没根儿的东西,很难找到了。

读书也好,事上磨炼也罢,诚如宋明儒家所言,学至气质变,方为有功。学者所求,当为成就一己之心德,以至于达到"物我一体"之气象。诚如此,方可达到通于恒之境。

只有这样,自己有了不变,才能从容应变,并演绎出千变万化。

【注】

15 必死:必,坚持,固执。必死指主将抱定必死信念,意指作战勇猛、以死相拼。

16 必生:贪生怕死。

17 忿速:急躁易怒。

18 覆:覆灭。

行军篇

"行军篇"讲的是战争过程中安排我军（即驻扎、部署和战场安排等）和观察敌军、判断敌情的方法。安排我军主要依地形得地利，趋利避害。观察敌军是在行军过程中通过观察敌军所处区域自然物体的异常变化、人事活动的异常动向，以及听辨对方言辞行为所透露出的各种信息，对敌情做出正确判断。孙子在此篇中提出相敌三十二法，见微知著，由现象看到本质，具有普遍意义。

本篇还谈到"令之以文，齐之以武"的御众之法，的确是经验之谈。本篇内容虽多是战场操作层面上的，但孙子言语之中透露出来的经验和智慧，令人叹为观止。虽然有些经验在今天已经不适用，但这种由现象到本质的观察方法和思维习惯，还是值得学习借鉴的。

《孙子兵法》后面几篇多谈到地形，且多以地形为战术安排的出发点。因为地形是作战的前提。地形是客观的，人们只能接受、无法改变,特别是在孙子所处的时代。可以说,人对于地形是被动的。对于地形,人能够做的就是适应并利用地形,使地形成为我军战斗力之助、敌军战斗力之害。这也是战术安排的一个原则。

【原文】孙子曰:凡处军相敌。绝[1]山依谷,视生[2]处高,战隆无登[3],此处山之军也。绝水必远水,客[4]绝水而来,勿迎之于水内,令半济[5]而击之,利。欲战者,无附于水而迎客,视生处高,无迎水流,此处水上之军也。绝斥泽[6],惟亟去无留,若交军于斥泽之中,必依水草而背众树,此处斥泽之军也。平陆处易而右背高[7],前死后生[8],此处平陆之军也。凡此四军之利,黄帝之所以胜四帝也。

【译】孙子说:凡是在战争过程中安排我军和判断敌军,应当遵循以下原则。

通过山地时一般情况下要顺着山谷走;驻扎在高处向阳的地方;如果敌军已经占领了高处,不宜去仰攻,这是在山地环境中军队的处置方法。

通过江河后要远离水流;敌军渡水而来,不要迎击于水上，要让敌军渡过一半时再去攻击，这样才有利；想要与敌军决战，也不要靠近水边和敌军战斗；沿河驻扎的军队也应驻扎在不迎水流的向阳高处，这是处于江河水流环境中军队的处置方法。

通过盐碱沼泽地带后，要迅速离开，不要逗留；如果和敌军相遇在盐碱沼泽地带，应当靠近水草丰盛且背靠树木的地方，这是在盐碱沼泽环境中军队的处置方法。

在平原地带应当先占领平坦开阔区域，主要的侧翼和后方军队应当依托高地，形成左前低、右后高之势，这是处于平原地带环境中军队的处置方法。

掌握了这四种利用地形得地利的军队安置方法，就是黄帝之所以战胜四帝的原因啊。

【记】顺着山谷走，原因可能是山谷地势容易行走，可隐蔽，可得到水草供应。驻扎在高处向阳的地方，原因是占据地利，视野开阔，易守难攻。

让敌军渡过一半时再去攻击，而不是在敌军渡河时就与其纠缠于水中，这是得地形之利的最好办法，显示出孙子的高明之处。

靠近水草背靠树木，原因是在盐碱沼泽地带中，大概这些地方可以立足。

军队在平原地带要占领开阔地域，尽量选择左前低、右后高的地方驻扎，同样是为了得地势之利。

在不同的地形条件下，应采取不同的处置措施。总的原则是有利于军队的生存，有利于掌握战场主动权，有利于军队的展开和战斗力的发挥，有利于战胜敌军。实际上，孙子提出的在这四种场景下部队驻扎、部署的方法，是有规律可循的。规律就是，我方尽量主动占据由自然、地形产生的有利因素，将由自然、地形产生的助力整合到我方的战斗力中来。同时，将由自然、地形产生的不利因素，诸如阻挡、冲击以及自然破坏力，引导到敌方那边。比如，孙子在不同地形下多次谈到占领制高点，实际上，克劳塞维茨也讲了制高点的三大好处：一是扼制进出之路，有交通之便；二是从上向下打击有利于发挥火力；三是居高临下，瞰制地形，有观察之利。这些都是经验之谈。

借地利，以助军力，原理是人的心理因素和地理因素的协调。从位置上讲，要居高临下，巧借势能的力量；从视线上讲，要先确定太阳的方位，背太阳而立（看清别人而别人看不清你）；从随机应变上讲，择便利而行（比如在大风天气，我方背风而让敌方迎风等）；从战场效果上讲，把敌人逼进不利于挪动或四周都有障碍的死角，千方百计使敌人处于不利形势等。

【注】

1 绝：通过。

2 视生：向阳。

3 战隆无登：不去正面仰攻处于高处的敌人。

4 客：一般而言，等候者为主，外来者为客。这里指敌军。

5 济：渡过。

6 斥泽：盐碱沼泽地带。

7 右背高：人们日常的习惯，使用武器主要是右手，拉弓时左手执弓、右手使力、瞄准左侧，所以在地理位置上，只要有些许高低差别，使敌军处于左前方低处，作战时我方就会有利。

8 前死后生：前低后高。

【原文】凡军好高而恶下，贵阳而贱阴，养生^{9}而处实^{10}，军无百疾，是谓必胜。丘陵堤防，必处其阳而右背之。此兵之利，地之助也。上雨，水沫至，欲涉者，待其定也。凡地有绝涧[11]、天井[12]、天牢[13]、天罗[14]、天陷[15]、天隙[16]，必亟去之，勿近也。吾远之，敌近之；吾迎之，敌背之。军行有险阻、潢井[17]、葭苇[18]、山林翳荟[19]者，必谨复索之，此伏奸之所处也。

【译】军队驻扎地点的选择，在高处和低处之间要选择高处，居高临下，便于观察，利于出击。如果选择低处则不利。在向阳和背阴之间要选择向阳，这样可以保持营地干燥，以免潮湿。靠近水草丰美、便于就地取材（食物与草料等）、有坚实依靠的地方。这样军队中没有疾病发生，人强马壮，就能保证胜利。如果在丘陵堤防这样的地形上，一定要占领向阳的高地，并使主要的侧翼和后方倚托着这块高地。这些军队驻扎的方法都是有利于用兵的，都是利用地形作为兵力的辅助条件。如果上游下雨（即下游将要涨水），会有水沫冲来，此时如果要徒步过河，需要先等一会儿，等到水流稳定下来以后再行渡河。

如果遇到绝涧、天井、天牢、天罗、天陷、天隙这几种地形，必须迅速离开，不要靠近。要掌握并利用这几种地形，就是我方要远远离开这几种地形，而想办法让敌人去靠近它；我方要面对这几种地形，而让敌人背靠着这样的地形。军队经过之地，凡是有险峻要隘、水网纵横、芦苇丛生、山林和草木茂盛的地方，一定要派人谨慎地反复搜索。因为这些地方都是敌人有可能设下伏兵和隐藏奸细的地方。

【记】这些都是战场行军过程中的实操方法，遇到不同地形的相应处置原则。

【注】

9 养生：能够提供水草给养的地方。

10 处实：指军队驻扎地是一个可以获取养活军队所需的生活物资的地方。

11 绝涧：两岸峭壁、水流其间的地形。

12 天井：四周高峻、中间低洼的地形。

13 天牢：三面环绝，易进难出的地形。

14 天罗：荆棘丛生、难以通过的地形。

15 天陷：地势低洼、泥泞易陷的地形。

16 天隙：两山之间地面多沟坑的狭长地带。

17 溃井：水网沼泽地带。

18 葭苇：芦草丛生地带。

19 翳荟：草木繁盛之地。

【原文】敌近而静者，恃其险也；远而挑战者，欲人之进也；其所居易者[20]，利也；众树动者，来也；众草多障者，疑也；鸟起者，伏也；兽骇者，覆也；尘高而锐者，车来也；卑而广者，徒来也；散而条达者，樵采也；少而往来者，营军也；辞卑而益备者，进也；辞强而进驱者，退也；轻车先出，居其侧者，陈也；无约而请和者，谋也；奔走而陈兵车者，期也；半进半退者，诱也；杖而立者，饥也；汲而先饮者，渴也；见利而不进者，劳也；鸟集者，虚也；夜呼者，恐也；军扰者，将不重也；旌旗动者，乱也；吏怒者，倦也；粟马肉食，军无悬瓿[21]，不返其舍者，穷寇也；谆谆翕翕[22]，徐与人言者，失众也；数赏者，窘也；数罚者，困也；先暴而后畏其众者，不精之至也；来委谢[23]者，欲休息也；兵怒而相迎，久而不合，又不相去，必谨察之。

【译】敌人离我方很近却能保持安静，是他们占据了有利的地形，占得了先机；敌人大部队离我方很远，却派人前来挑战，是想引诱我方落入他们设下的圈套；敌人驻扎在平坦开阔的地方，是因为他们势力强大，这样做对他们有利；当你看到树木（无风而）摇晃摆动，这是敌人在隐秘地接近我方；当你看到树林草丛中有很多障碍物，这是敌人故意布下的疑阵；看到鸟雀惊飞，说明下方有人埋伏；看到野兽惊跑，说明敌人大军来袭；远望有尘土高扬笔直向上，这是敌人的兵车飞驰而来；远望有尘土低而宽广，这是敌人的步兵队伍过来了；远望有尘土散漫而细长，时断时续，这是敌人在砍伐树林，安营扎寨；远望有尘土稀少，此起彼伏，说明敌人已经扎营驻守；敌人的使者言辞谦卑却又在加紧战备的，这是在准备进攻；敌人的使者言辞强硬并摆出前进姿态的，这是在准备撤退；敌人的战车先出动，却部署在侧翼的，这是在排兵布阵；敌人没有任何迹象（约定）却前来讲和的，这是另有阴谋；敌人快速走动并摆开阵营的，这是在准备与我方决战；敌人半进半退、或进或退，是企图诱骗我方露出破绽；敌方士兵一个个拄着兵器站立，这是他们过于虚弱、没有吃饱；敌人运水的杂役，遇到水源，先自顾喝水，说明他们断水了；敌人看到有利的情势也不上前，说明他们实在是疲倦、没有力气了；敌方营寨上空飞鸟云集，说明这已经是一座空营；敌营夜间大呼小叫，说明他们人心惶惶；敌营惊扰纷乱、杂乱无章，说明敌方将领没有威严；敌方旗帜摇晃不定，纷乱无章，说明队伍号令不严，乱象已现；敌方军官烦躁不安、易怒，说明队伍已经极度疲倦；敌人用粮食喂马，杀牲畜吃肉，收拾起炊具，不准备返回营寨，说明敌人已下定决心准备拼死一搏；敌方将领喋喋不休、低声下气地与士卒沟通，说明他已经不得人心了；敌方将领接二连三地犒赏士兵，说明他已经不知所措了；敌方将领反反复复地惩罚士兵，说明他已经无计可施了；敌方将领先是粗暴地对待部下，而后又畏首畏尾，担心冒犯众怒、担心士兵叛离的，说明他不明智到了极点；敌方派遣使者来送礼示好，这是他们真的想休兵息战了；敌方气势汹汹地在我军面前排兵布阵，然而他们既不与我方交锋，又不肯离去，这时就要仔细地观察分析、摸清他们的意图了。

【记】总的来讲，孙子总结了观察敌情的三十二条经验，依自然景象的特征和变化来观察和判断敌情的有九条，依敌人行动来观察判断敌情的有二十三条。孙子的相敌三十二法,即在战场上预先探知敌情的三十二种方法,都是通过在战前密切地观察敌方所在区域自然、物体的异常变化,人事活动的异常动向,以及对方言辞透露出的各种信息,对敌方的图谋、行动和状态进行判断。通过对所观察到的人情物理现象由此及彼、由表及里进行思索和判断,去伪存真,找出引起这些现象的内在原因,从而达到对敌情的掌握。

同时代的其他兵书上,也有类似的理论。如《吴子》讲:用兵必须审敌虚实而趋其危。敌人远来新至,行列未定,可击;既食未设备,可击;奔走,可击;勤劳,可击;未得地利,可击;失时不从,可击;旌旗乱动,可击;涉长道而后行未息,可击;涉水半渡,可击;险道狭路,可击;陈数移动,可击;将离士卒,可击;心怖,可击。凡若此者,选锐冲之,分兵继之,急击勿疑。

《六韬》讲:敌人新集可击,人马未食可击,天时不顺可击,地形未得可击,奔走可击,不戒可击,疲劳可击,将离士卒可击,涉长路可击,济水可击,不暇可击,阻难狭路可击,乱行可击,心怖可击。

这些都是战场经验的总结。

往深处讲,有时同样一种现象,不同的人可能会得出不同的甚至是截然相反的认识、结论。差别在于，有时候敌方可能故意展示假象，虚虚实实、真真假假，看你上不上当。有时候，还要看我方将领对客观现象的理解，是否达到了可以迅速准确地把握本质的水平。从纷繁复杂的现象中提炼出有价值的重要信息，也是为将者必备的素质。

【注】

20 所居易者：驻扎在平坦之地，选择开阔之地作为战场的。一般而言，兵力强盛者会主动选择平坦开阔之地作为战场，因为这样有利于兵力展开，形成对敌优势。兵力较弱的一方倾向于选择地形狭窄的地方作为战场，因为这样可使强敌无法有效展开兵力。然而，战场选择，要看主动权在谁。

21 缶：野营中用树枝架起煮饭的陶锅。

22 谆谆翕翕：谆谆，喋喋不休的样子。翕翕，恳切地反复言说、不安的样子。

23 委谢：委赘谢罪，即送礼示好。

【原文】兵非益多也，惟无武进[24]，足以并力[25]、料敌、取人[26]而已。夫惟无虑而易敌者，必擒于人。卒未亲附[27]而罚之则不服，不服则难用也。卒已亲附而罚不行，则不可用也。故令之以文[28]，齐之以武[29]，是谓必取。令素行[30]以教其民，则民服；令不素行以教其民，则民不服。令素行者，与众相得也。

【译】兵力不是越多越好。只要不轻举冒进，能够集中兵力、掌握敌情、指挥军队得心应手，就可以了。只有那种缺少考虑而又轻敌妄动的主将，必定会被敌人俘虏。士兵没有真心依附的情况下，对他们施行惩罚，他们会不服，不服就很难指挥得动他们。士兵真心依附，但不能有效执行纪律，这样的军队也不能用。所以，用"文"的办法来号令士兵，用"武"的办法来统一士兵的行为，这样训练出来的军队才能成为必胜之军。平时军令军规能够得到严格执行，士兵就会养成服从的习惯；平时军令军规不能得到较好执行，士兵就不会有服从的习惯。那些军令军规在平时能够得到严格执行的军队，主将与士兵能够各安其位，主将能够指挥调动整个军队一致行动。

【记】这里的并力，是指集中力量，汇聚战场上天时、地利等一切有利因素。料敌，是指观敌料阵，掌握敌人的动向。对于取人的理解，各种版本有所不同。我认为，结合下文所讲，孙子所谓的取人，就是用人，就是在指挥运用队伍方面能够得心应手。

孙子的意思是讲，用兵并非多多益善。只要不轻举冒进，能够做到集中一切战场有利因素、掌握敌方的动向、指挥军队得心应手就可以了。

如何取人？核心是主将与士兵之间要建立起信任关系。孙子说，在士兵还没有真心依附（没有从内心认你做老大）的情况下，将领如果贸然对他们进行处罚，士兵们就有可能不服，就很难指挥他们行军打仗。如果士兵与将领的关系过于亲密，使军纪法令因上下级的亲密关系得不到贯彻执行，这样的士兵也不可使用。

主将如何与士兵建立起信任关系？我们先看看其他兵家是怎么说的。

《三略》讲：军井未达，将不言渴；军幕未办，将不言倦；军灶未炊，将不言饥；冬不服裘，夏不操扇，雨不张盖，是谓将礼。与之安，与之危，故其众可合而不可离，可用而不可疲，以其恩素蓄，谋素合也。故曰，蓄恩不倦，以一取万。《素书》讲：释己而教人者逆，正己而化人者顺。逆者难从，顺者易行。

难从则乱,易行则理。大体上,为将者宜严己而宽人,正己而化人,身正则不令而行,身不正虽令不从,以德怀人则顺,以力取人则逆。顺其势则行,逆其理则冲,行则理,冲则乱。

相比之下,孙子说的简单扼要。"令之以文,齐之以武",就是取人之法。

用"文"的办法号令士兵,用"武"的办法统一士兵的行为。事实上,孙子讲的就是日常练兵的方法。所谓"文"的办法,首先是让士兵熟知军令;其次要让士兵知道"为谁而战,因何而战";最后是处理好团队关系,做到上下同心,团结一致。所谓"武"的办法,首先是执行军法严明,一丝不苟,不打折扣,不让士兵在执行军法方面心存任何侥幸心理;其次是注重教戒为先,不能不教而诛。

让士兵熟知军令,对违反军令者严格惩罚,就可以管理、约束住军队。平素能教育士兵认真执行命令,士兵就会养成遵从的习惯;如果平时法令得不到贯彻执行,士卒就会养成不服从的习惯。将领说话算数、言出必践,做到令行禁止,平时的法令能得到贯彻执行,这样的部队指挥起来,就可以得心应手。

简单讲,带队伍,定下规矩,确保规矩能够落实到位就可以了。

行军，战场安排和观敌料阵，惯常的做法、最为理想的结果是打一场伏击战。

在掌握了战场地形、主动权之后，打伏击战的关键是借用敌人的弱点。这方面，《吴子》可供借鉴。《吴子》讲相敌之术：凡战之要，必先占其将而察其才，因形用权，则不劳而功举。其将愚而信人，可诈而诱。贪而忽名，可货而赂。轻变无谋，可劳而困。上富而骄，下贫而怨，可离而间。进退多疑，其众无依，可震而走。士轻其将而有归志，塞易开险，可邀而取。进道易，退道难，可来而前。进道险，退道易，可薄而击。居军下湿，水无所通，霖雨数至，可灌而沉。居军荒泽，草楚幽秽，风飚数至，可焚而灭。停久不移，将士懈怠，其军不备，可潜而袭。

大意是，作战首要是充分了解敌将，并根据敌将情况，因敌制胜。敌将愚昧且轻信于人，可以想办法引诱他；敌将贪利无耻，可用财物收买他；敌将举止轻浮，可以疲困激他；敌方内部不合，上级骄横、下级穷怨的，可以离间他；敌将犹豫不决、无所适从的，可以恐吓惊跑他；敌军想要逃跑时，就堵塞平坦道路，佯开险阻道路，设伏消灭他；敌方进路平易、退路艰难，可以诱敌深入消灭他；敌方进路艰难、退路平易，可以压迫、攻击他；敌方处于低洼潮湿、水道不通的地方，趁大雨天气，可以灌水淹没他；敌方处于草木丛生的地方，可用火攻消灭他；敌方久居一地，官兵懈怠，戒备疏忽，可以偷袭他。这些都是经验之谈。

无论怎么讲，战争的直接目的都是打击、消灭敌人。在绝大多数情况下，战争胜负还是取决于能否有效消灭敌人有生力量。孙子在"行军篇"讲并力、料敌、取人。借助天时地利带来的优势，掌握敌方动向，我方军队团结一致等，都是投入变量。产出最终还是体现在决胜点上，以实击虚，形成压倒性优势。这方面，最为理想的状态就是打伏击战。

刘伯承元帅讲伏击战，说乘敌人正在行军并未准备作战之际，只要我们以秘密、突然、迅速、坚决的动作，攻其无备、出其不意，通常就可以达到消灭或消耗敌人的目的。

伏击战有"待伏"，先在战地埋伏好，待敌通过时袭击之；有"诱伏"，在主力埋伏好后，先以小部队故意示弱（最好造成敌人轻视骄纵心理），再引诱敌人进入伏击圈内击之。

伏击时出击动作要"突然、迅速、猛烈、干脆"，如果犹豫迟缓，甚至演变成防御动作，就是放弃成功走向失败。

一旦埋伏被敌发觉，或战斗开始后发现（敌方力量过于强大）我方无胜利把握时，应断然撤退。留恋无把握的胜利，是有害的。

如果突然遭遇敌人，应当敏锐地洞察当下情况，尽快下决心，或游或击，不可迟疑。如若情况不明，当游则游。迟疑不决，非常危险。

【注】

24 武进：恃勇轻进，盲目冒进。

25 并力：集中兵力。

26 取人：意为获得士兵的拥护。

27 亲附：亲近，依附。指主将能够获得士兵的信任，真心依附。

28 文：这里指军队的规章、条例、团队建设、思想政治工作等。

29 武：这里指执纪严明，一丝不苟。

30 素行：（军令军规）平时能够得到执行。

地形篇

关于地形，孙子的理念是因地形而变，做到"人地相得"。因为地形是客观的，人对于地形只能适应、利用，使之成为我之助、敌之害。

军队行军、宿营、作战等，都是在地面上的行动。所以，地形是用兵的基本条件，也就是孙子所说"夫地形者，兵之助也"。本篇主要讨论的是不同地形特征下的不同战术安排，兼顾统率军队的方法。

地形是军队作战的依托和舞台。地形的作用是辅助性质的，或者是制约性质的。得地利，即人的行动与地形条件相适应，这样地形就有助于军队战斗力的发挥。失地利，人的行动会受制于地形条件，这样的地形条件就会限制军队战斗力的发挥。特别是在孙子所处的冷兵器时代，人的行动受制于自然地理要素，地形的作用更为重要。

地形虽然很重要，但是在人与地的关系中，起主导、决定作用的，还是人。掌握不同的地理情况，依照地形条件，综合战场的自然特点以及可以利用的人力物力资源，灵活用兵，是非常明智的务实之举。

【原文】孙子曰：地形有通[1]者，有挂[2]者，有支[3]者，有隘[4]者，有险[5]者，有远[6]者。我可以往，彼可以来，曰通。通形者，先居高阳，利粮道[7]，以战则利。可以往，难以返，曰挂。挂形者，敌无备，出而胜之；若敌有备，出而不胜，难以返，不利。我出而不利，彼出而不利，曰支。支形者，敌虽利我，我无出也，引而去之，令敌半出而击之，利。隘形者，我先居之，必盈[8]之以待敌。若敌先居之，盈而勿从，不盈而从之。险形者，我先居之，必居高阳以待敌。若敌先居之，引而去之，勿从也。远形者，势均，难以挑战，战而不利。凡此六者，地之道[9]也，将之至任，不可不察也。

【译】孙子说，地形有通、挂、支、隘、险、远六种。我军可以去，敌军可以来的地方，叫作通。在"通"这种地形上，应当先占据向阳的高地，畅通并保护粮道，这样就有利于作战。可以前进、难以后退的地形叫作挂。在"挂"这种地形上，如果敌军没有防备，可以突然袭击战胜他们；如果敌军有防备，出击不能取胜，又难以返回，极易身陷重围，战场形势就非常不利了。我军前出不利，敌军前出不利的区域，叫作支。在"支"这种地形上，即便敌军引诱我军，我军也不可前出。可佯装引兵离去，诱使敌军追击前出一半时，再回击他们，这样做就有利。在"隘"这种地形上，如果我军先到达，必须抢先占领隘口，等待敌军来犯。如果敌军先到达，已经抢先占领隘口，不要去攻打。敌军先到达但没有占领隘口的，可以去攻打。在"险"这种地形上，如果我军先到达，就必须控制向阳高地（占据优势地形），等待敌军来犯。如果敌军先到达，占据了优势地形，就应该引兵离去，不要去攻打他们。在"远"这种地形上，双方势均力敌的情况下，不宜挑战，如果硬要求战，就会处于劣势。这六种情况下的不同处置方法，是不同地形条件下用兵打仗的原则，按照这些原则用兵打仗是主将的重大责任所在，不可掉以轻心。

【记】孙子列举了作战时的通、挂、支、隘、险、远等六种重要的地形，军队的开进、展开、攻击、防守等战场行动，应当在种种地形的基础上因地制宜。

通。是指我军可以去，敌军可以往的通行之地。凡是战场上遇到这样的地形，应当先占据地势高且向阳，又有利于补给、道路畅通的阵地，居高临下，等待与敌人战斗。这种地形上，一般容易发生大型会战。

挂。挂地必是险阻之地，与敌方犬牙交错，行动有所挂碍。如果敌人有防备，断我归路，我方必陷于险地。所以，如果敌方有所警觉、有所准备，这样的地方就不能去。凡是战场上遇到这样的地形，以采取攻其无备、出其不意的奇袭策略为上。

支。是指两军阵（关隘）前，平坦开阔之地。凡是遇到这样的地形，先出者一方面出了自己的关隘（丧失了自己的有利依托），另一方面又兵临敌军的关隘前，有双重的不利。若我方先出，则敌方将趁我方出兵近半时发动进攻；若敌方先出，则我方也将趁敌方出兵近半时攻击敌方。所以孙子讲"我出而不利，彼出而不利"。我方当引兵佯装离去，埋伏下士兵等待敌人追击，等待敌军前出一半时，我军突然发起攻击，这样有利。

隘。是指左右高山、中有平谷，军队不易展开之地。凡是遇到这样的地形，就要用重兵堵塞住隘口，等待敌人来攻。

如果敌军已先于我军占据隘口，并以重兵据守，那就不要轻易进击，如果发现敌人没有用重兵据守隘口，就要乘机迅速攻取它。

险。是指山高谷深、一夫当关、万夫莫开、非人力所能作为的险要之地。凡是遇到这样的地形，一定要抢先占据地势高且向阳的地方，等待敌人到来。如果敌军已经抢先占领，我军就主动撤退，一般不要去进攻。

远。是指两军阵营相距甚远，且势均力敌之地形。凡是遇到这种情况，一般采取坐以待敌的策略。否则，出兵挑战，是以劳对逸、舍近求远，对我方不利。

孙子讲，以上六种地形，是部队开进、展开时首要考虑的，是确定攻击防守之法的基础和前提，利用地形的原则就是要做到人地相得，即不同的地形对军事行动有不同的影响、不同的利害关系，必须根据地形特点，制定与之相宜的行动策略。曹操讲："欲战，审地形以立胜也。"用今天的话讲，就是因地制宜，做到人地相得。

【注】

1 通：交通方便，四通八达，没有险阻的平坦地形。

2 挂：地形复杂、易进难退的地形。

3 支：敌我双方各据险对峙，谁先出击对谁不利的地形。

4 隘：两山之间的峡谷通道处，狭窄险要之地形。

5 险：地势险要的地形。

6 远：(敌军与我军相距)较远的地形。

7 利粮道：畅通粮道。

8 盈：充满。意为派兵占据隘口，像瓶子里装满水一样。

9 道：规律，原则。

【原文】故兵有走[10]者，有弛[11]者，有陷[12]者，有崩[13]者，有乱[14]者，有北[15]者。凡此六者，非天之灾，将之过也。夫势均，以一击十，曰走；卒强吏弱，曰弛；吏强卒弱，曰陷；大吏怒而不服，遇敌怼[16]而自战，将不知其能，曰崩；将弱不严，教道不明，吏卒无常，陈兵纵横，曰乱；将不能料敌，以少合众，以弱击强，兵无选锋[17]，曰北。凡此六者，败之道也。将之至任，不可不察也。

【译】所以(失败的)军队有走、弛、陷、崩、乱、北等六种情况。这六种情况，不是天灾，而是主将的过错造成的。在敌我势均力敌的前提下，要求士兵以一击十，结果就是我方士兵失败逃走；士兵强横而军官软弱，这样的军队纪律松弛；军官强势而士兵软弱，这样的军队（打仗时军官冲锋在前、士兵在后边跟不上），最终导致军官被俘或被杀，陷落于敌军之手；领兵的小将或者偏将不服从主将指挥，遇到敌军时因对主将心怀怨恨而擅自领兵出战，主将不能控制，不知道他们会干什么，这样的军队遇到强敌时必然崩溃；主将懦弱无能，纪律不严，管教不明，官兵没有规矩，出兵对阵时横冲直撞，场面混乱；主将不能判断敌情，用少数的兵力应对敌军多数的兵力，用劣势的兵力应对敌军强势的兵力，不选择精锐部队去攻坚，这样交战必然失败。凡是用兵打仗有以上六种情况的，都必然要失败。这是主将重大责任所在，不可以不加以重视。

【记】战场胜负，取决于将。将领，特别是主将，是取胜的关键。孙子说，战场失败，有六种情形，都是为将的过失造成的。

如果敌我双方实力相当，我方却要以一敌十攻击敌方，由此导致的失败，称为"走"。不要期盼部队去完成他们不可能完成的任务，不要部署明显超过下属能力的任务，否则，由此导致的失败,责任在将领。

基层军官懦弱无能,不能统领约束士兵,使军令不能得到有效贯彻执行,由此导致的失败,称为"弛"。虽然士兵能力很强,但由于基层组织松弛,主管软弱,不能管束,无法将有生力量有效地组织起来,一盘散沙,不能保证打胜仗。

基层军官本领高强,但是士兵懦弱,缺乏训练,没有战斗力,由此导致的失败,称为"陷"。所谓陷,是指士兵跟不上军官的步伐,导致本领高强、独自冲锋的军官陷于敌阵。

部将急躁易被激怒,不服从指挥,遇到敌人就擅自出战,主将不了解他们的能力,不加以有效约束,因此而失败的,称为"崩"。用人不当,有令不行,导致兵败如山倒,所以称为崩。

主将软弱,没有威信,平时对部下训练教导不力,到战场上,基层军官和士兵无所遵循,队列杂乱无章,由此失败的,称为"乱"。将领统领不住、管束不了自己的部队,乱糟糟一团。如戚继光所讲,练兵之要在于练将。

主将不能正确判断敌情,导致以少击众,以卵击石,危急时刻又没有精锐部队顶上,因而落败的,称为"北"。也就是败北,逃之夭夭。

一切军事行动以部队的素质为基础,选兵是关键。中国历代选兵标准中，战国时期的标准是力气大、善奔跑。史载吴起选兵标准是在全副武装下半天跑完百里路。唐代重视轻骑兵，选兵标准是善骑射。宋代看重身长力壮，身高力壮的当禁军，身矮力弱者为厢军。明代是军户世袭，到戚继光时选兵，标准是：城乡的油滑之徒不要，老兵油子不要，见惯官府的城里人不要，脸孔白、细皮嫩肉的不要；只要黑大粗壮，见官府有胆怯之意的乡野之人，农村人和矿徒最好。《纪效新书》认为，选兵贵在精，选乡野老实之人和惯战之人；选兵贵在素质，"必胆为主""精神力貌兼收"。曾国藩招兵，只要手上有老茧的。

锋是俗称的敢死队，是战场决胜的有生力量。选锋之道，《吴子》讲：民有胆勇气力者，聚为一卒；乐以进战效力，以显其忠勇者，聚为一卒；能逾高超远，轻足善走者，聚为一卒；王臣失位而欲见功于上者，聚为一卒；弃城去守，欲除其丑者，聚为一卒。此五者，军之练锐也。此选锋之说，确为用人精要也。戚继光在《纪效新书》中讲：选锋之说，盖选于无名警之日，非选于对垒之秋。若平日不认真训练，而有事之际，每哨队内抽其愿者、强者，凑合而发。咸知兵无选锋之虑，独忘临阵易将之危。人心忽更所属，行伍分离，上下易置，已难责成。

关于为将的责任,《吴子》讲:凡行军之道,无犯进止之节,无失饮食之适,无绝人马之力。此三者,所以任其上令。任其上令,则治之所由生也。若进止不度,饮食不适,马疲人倦而示解舍,所以不任其上令。上令既废,以居则乱,以战则败。意思是,用兵打仗的原则,不要打乱军队前进和停止的节奏,不要耽误适时供给饮食,不要耗尽人马的体力。这三项是为了使军队保持充分的战斗力,以完成上级交付的命令。完成上级交付的命令,这是治军的基础。如果军队前进或后退失去了节奏,饮食不能适时供应,人疲马乏得不到休息,军队就不能完成上级交付的命令。军令得不到执行,军队必然混乱,作战必定失败。把握好节奏,保证好后勤供给,让军队以饱满的战斗力去完成上级交付的指令,这就是主将的责任。

【注】

10 走:逃走,败走。

11 弛:纪律松弛。

12 陷:陷落。

13 崩:崩溃。

14 乱:散乱,混乱。

15 北：败北。

16 怼：抱怨、埋怨。

17 锋：精锐，俗称敢死队。

【原文】夫地形者，兵之助也，料敌制胜，计险厄 [18] 远近，上将之道也。知此而用战者必胜，不知此而用战者必败。

【译】地形是用兵打仗的辅助条件。判断敌军的动向、企图，研究战场地形险易、道路远近，制定取胜计划，这是主将的职责。主将懂得这些道理去指挥作战的，必然会取得胜利。主将不懂得这些道理去指挥作战的，必然会失败。

【记】兵法接着讲，地形是作战的助力。正确判断敌情，研究地形险易、道路远近，制定克敌制胜战术，这些都是将领的职责。《吴子》记载，武侯问曰：若敌众我寡，为之奈何？（吴）起对曰：避之于易，邀之于厄。故曰：以一击十，莫善于厄；以十击百，莫善于险；以千击万，莫善于阻。今有少卒，卒起，击金鸣鼓于厄路，虽有大众，莫不惊动。故曰：用众者务易，用少者务隘。大意是，我方军力占优势时，选择宽阔的战场与敌决斗;我方军力总体上处于劣势时,要选择狭隘的、部队不易展开的战场与敌决斗。目的是借地形抢占主动权,营造正面决战时我强敌弱的态势,以避实击虚。

【注】
18 厄:险要。

【原文】故战道[19]必胜,主曰无战,必战可也;战道不胜,主曰必战,无战可也。故进不求名,退不避罪,唯人是保,而利合于主,国之宝也。

【译】所以(依据战争规律,根据战场的实际情况)主将有取胜把握的战斗,虽然国君说不打,也可以坚持去打;(依据战争规律和战场的实际情况)主将认为没有取胜可能的战斗,虽然国君坚持要打,也可以不打。所以进不求功名,退不避刑罚,只知道保家卫国的将领,是国家最为宝贵的财富。

【记】兵法接着讲,将领根据战场实情决定是否开战。如果确有必胜的把握,就是国君不让打,也可以坚决地打;如果没有取胜的可能，就是国君让打，也可以不打。为将者，应当进不贪求功名，退不回避罪责，只求保护百姓和国家利益。这样的将帅是国家的宝贵财富。

孙子这句话要求主将无论在什么样的情况下，都要以百姓和国家利益作为军事行动的唯一准则，而不考虑自身的利害得失。话虽这样讲，若上级比较狭隘，他们判断事物的标准，往往只是直观感受，没有在所有关键时刻都持全局观念的理智和清醒。所以，孙子理想中这样的将领，不一定有好下场。

【注】

19 战道：战争的原则、规律。这里指主将依据战争规律、结合战场的实际情况，对未来战争胜负走向做出的判断。

【原文】视卒如婴儿，故可与之赴深豀；视卒如爱子，故可与之俱死。厚而不能使，爱而不能令，乱而不能治，譬若骄子，不可用也。

【译】对待士兵像照顾婴儿一样，就可以让他们和你一起跳深溪（冒险）；对待士兵像对待自己的孩子一样，就可以让他们与你一起拼死作战。如果只知厚待而不知指使,只知关爱而不知号令,(这样)骄纵的士兵会乱作一团而无法管理,就像家里的骄子一样,是无法用来打仗的。

【记】如果将领对士兵能像对待小孩子一样体贴,士兵就会跟随他冲锋陷阵;如果将领对士兵能像对待自己的孩子一样,士兵就会跟随他共赴死难。如果将领对待士兵一味地过分优待,而不使用他们;溺爱而不号令指挥他们,这样的士兵就目无法纪,违犯了军纪也无法认真处理。他们就像被长期溺爱的孩子一样,是无法用来打仗的。所谓"慈不掌兵",就是这样。孙子的意思是,带兵之人要宽严适度,收放有节。

趋利避害,是人性。所以,管束人,基本就两种方法,一是诱之以利,二是威之以害。"利"的手段是需要支付成本的。所以,日常所见,管束人的办法,主要是让人心生恐惧,害怕你,才不敢轻易地违逆你。当然,还有一种常见的方法是思想灌输,这里存而不论。其实感情也是人性中的弱点。感情需要在日常中培养,着力点是不假思索地信任。只有意志坚强之人,才能克服(自己身上的)、利用(别人身上的)人性弱点,成为真正好的将领。

带兵之道,一是要亲和,为人有亲和力,别人才愿意接触、接受你。二是要有规矩,要讲究合规,无规矩不成方圆,通过强调对军中号令的严格遵守来凝聚战斗精神。三是用人,先求将而后选兵,"营官不得人,一营皆成废物"。滥竽充数者,有不如无。四是要让士兵无所顾、有所恃,心无旁骛。五是战时投之于险,置于死地,方能激发出强大的战斗力。

《吴子》讲得好,所谓治者,居则有礼,动则有威,进不可当,退不可追,前却有节,左右应麾,虽绝成陈,虽散成行。与之安,与之危,其众可合而不可离,可用而不可疲,投之所往,天下莫当,名曰父子之兵。

带兵的精髓是练兵。古时候练兵主要讲究辨旌旗、审金鼓、明开合、知进退、闲驰逐、便弓矢、习击刺等,综合起来,练胆气(战斗精神的培养)才是练兵的根本。

克劳塞维茨认为,战争胜负取决于战略五要素,即精神要素、物质要素、数学要素、地理要素和统计要素。其中精神要素是第一位的,因为良好的精神要素是将领意志和军心士气的支柱,精神力量是决定胜负的主要原因;而且精神要素与物质要素结合后,能够赋予物质要素巨大的活力,使物质要素的力量成倍增长。

如何培养士兵的战斗精神？戚继光认为，人有此身，先有此心，气发于外，根之于心。练胆气就要练心，练心则气自壮。他的练心方法是，要求将领以身作则，以理谕人心，以诚感人心，以赏劝人心，以罚齐人心。戚继光认为，对士兵不能实行诡道，只能以诚感诚，要至诚待下。"饮食为之通，疾病为之恤，患难为之处，甘苦为之同"，"不待其心之发而先为之所，不待其口之出而预为之谋"。戚继光同时代的俞大猷提出，练胆的办法是练艺、练阵，实行赏罚和营阵互救。他认为艺高人胆大。相比之下，略输戚继光一筹。

带兵之道，尤在赏罚分明。赏罚是带兵日常必不可少的抓手。在术的层面，一是赏罚必信。如果做得好与不好一个样，就不会有太多的人一定要去做好。所以要让大家相信，做好的有赏，做得不好必受惩罚。无偷赏，无赦罚，赏信罚必。二是赏罚要及时。古时兵法上说，"赏不逾时，罚不迁列"。就是这个道理。三是赏罚要恰当，恰如其分。这有两层含义。一是赏罚的尺度要恰当，不能起伏过大。二是要考虑赏罚的效果。一般而言，古时带兵有个经验口诀，叫"赏小罚大"。很有道理，目的是"杀一人而三军震，赏一人而万众悦"。成本不高，效果好。四是赏罚要公正，一视同仁，绝无偏私。该赏就赏，该罚就罚，使大家心服口服。五是重视大家对赏罚的敏感度，关键时候要有雷霆手段，重赏重罚。当然，重手不能常下。六是赏罚要结合使用。

战略层面上的赏罚，就是要将赏罚手段制度化，从而在全军心理上形成一种明确的预期，建立起一个有利于组织目标的激励结构。说白了，一定要有人对结果负责。如果能够做到干好事的人必有好报、干坏事的人必受惩罚，部队内就会形成一种积极的势，就会有较强的战斗力，组织就可形成一种自发的力量，往好的方向发展。需要解释一下，这里的好与坏，是服从于组织价值判断取向的好与坏，不是我们日常印象中的好与坏。

人都有惰性，所以需要赏罚来调节其积极性；人都是趋利避害的，所以赏罚可以规范引导其行为，使之符合组织的预期。总的来讲，带兵之道，重在实践。围绕着把握士兵需求（所思所想）、引导士兵趋向做工作，可收事半功倍之效。

【原文】知吾卒之可以击，而不知敌之不可击，胜之半也；知敌之可击，而不知吾卒之不可以击，胜之半也；知敌之可击，知吾卒之可以击，而不知地形之不可以战，胜之半也；故知兵者，动而不迷[20]，举而不穷。故曰：知彼知己，胜乃不殆；知天知地，胜乃不穷。

【译】知道我军可以打，不知道敌军能不能打，胜利的可能性有一半；知道敌军可打，不知道我军有没有打的能力，胜利的可能性有一半；知道敌军可以战胜，也知道我军能打，然而不知道地形不利于作战，胜利的可能性有一半。所以懂得用兵的主将，对于敌我动静、地形得失了如指掌，所以才能应变无穷。所以说，知道敌人，知道自己，取胜就没有问题；懂得天时，懂得地利，胜利就可以保全。

【记】在孙子的理论体系中，胜利是建立在"知"的基础之上的。胜在"知"，"知"在平时积累，自己多动手；"知"在情报搜集，即后文"用间"。不仅知彼知己，还要知天知地。因为一切作战行为都是在某种天气和地理条件下进行的，不了解气候变化、地理的情况，不据此采取相应的策略和行动，军队的行动就有可能由于自然环境而陷入困境，最终功败垂成。所以孙子在此扩展了前面的认识，他认为一是要对我军的战斗力心中有数，二是要对敌军的战斗力心中有数，三是要使气候条件和地形对我军作战有利。只有满足了这三个条件，才可做到全胜。满足了第一个条件和第二个条件，即我军在战斗力上有压倒敌军的优势，就可以做到即使不获全胜，也没有危险。

【注】
20 动而不迷：行动起来不迷惑，也有不盲动的意思。

题外记：勇气是一种具有创造性的力量。

当有勇气（胆量大）的人遇到没勇气（胆量小）的人，他就有更多的机会、更多获胜的可能。原因是怯懦会使人丧失冷静、进退失据，恐惧会束缚人的手脚以及思维。恩格斯在一篇文章中评论英国士兵的战场表现时说，在进攻和防御中的坚定性和顽强性，是不列颠军队的重要素质。正是这些素质，才不止一次地使他们免于因军官的无能、指挥的荒谬和运动的不灵活而遭到完全应得的、似乎预定的失败。

事实上，在战场上，真正的、绝对的作战武器，是人。战争胜负很大程度上取决于人的果断、勇气、坚韧和才能，以及必胜的信念。有时候，高涨的士气甚至可以在很大程度上弥补作战物质条件（士兵数量、武器装备等）上的不足。因此，如何有效巩固我方的斗志、瓦解敌方的斗志，是指挥员应当考虑的重要任务之一。

勇者未必智，智者必定勇。

对个人来讲，勇气分为两种类型：一种是强者之勇，就是那种置个人生死于度外，敢于冒危险的勇气；另一种是智者之勇，就是在外在压力或内心压力下仍敢于负责、勇于担当的勇气。

强者之勇又可分为两种。第一种强者之勇是对危险表现出的无所畏惧态度，这种态度可能是天生的，也可能是后天训练养成的，可以看作是一种常态。第二种强者之勇是由于某种动机激发的勇气，如荣誉心、亲情等，可以看作是由于激动的情绪所激发的勇气。第一种强者之勇比较稳定可靠，第二种强者之勇随情绪变化；第一种强者之勇的通常表现是顽强，第二种强者之勇的通常表现是大胆；第一种强者之勇不会使人丧失理智（但他们对外来反应通常情况下较迟钝），第二种强者之勇有时会使人丧失理智。

智者之勇是强者之勇在智慧层面的升华，在最激动的时刻，智者仍能保持内心的镇静和敏锐的眼光，智者之勇是敏锐的洞察力与果断行动力的结合。首先要有敏锐的洞察力。需要在充满不确定性的情况下做出准确而迅速的判断，找到准确的攻击点。其次是要有果断的行动力。果断能够凝聚信心，鼓舞士气，集中优势，把危险抛在身后。当然，果断绝不是一味地冒险、大胆、无畏、蛮干等愚蠢的行为。

身处战场就是身处危险之中，越是在这种场合下，个人的意志力就越重要，越需要勇气，以保持镇静和当机立断的能力。在艰难的境地，个人素质是取胜的关键，那些百折不挠的品质、强烈的荣誉感和久经危险考验的经验，才是取胜的前提。

当然，人的勇气和意志力，从来就不是靠玩弄逻辑得来的，这里需要的是生活和斗争的磨炼。智者之勇的养成，应经过强者之勇的阶段。

此外，士兵的勇气与主将的指挥调度能力相关。虽然将领身先士卒的勇气会极大地鼓舞官兵的士气，但是着力点还是要在稳定官兵的心理预期上。比如作战任务的下达是否有明确的目标？目标明确会鼓舞士气。作战任务是否为可完成的目标？只有预期可以完成的目标才会带来信心。作战任务是否可以分解为一个又一个的胜利？因为胜利会带来胜利。作战任务是否有道义上的正当性？道德上的优越感可以激励官兵的士气。

提振单兵的勇气和军队的士气，基础还是平时的练兵。教兵之法，练胆为先；练胆之法，习艺为先。艺精则胆壮，胆壮则兵强。俗话说，艺高人胆大。就是人们在熟悉的领域，对自己已经掌握了的技能运用，自然有信心。有信心，就有勇气。

第一种强者之勇的养成，就是靠平时的训练。这个是所有勇气的基础。

九地篇

上一篇谈到"知天知地"，相对于变化不定、不可预测（指孙子所处的时代）的天气条件，地形是确定的、直接的、可以利用的、切切实实的助力。所以，孙子将兵法关注的重点放到了地理形势与条件上。孙子说"夫地形者，兵之助也"，地形是用兵打仗的辅助条件，一切军事行动都离不开地形，必须依托具体地形制定相应的作战原则，有什么地形打什么仗。

本篇以战场为主题，即以地形为依托，兼及人的心理因素，探讨深入敌境作战应当注意的事项。

战斗与地形条件密切相关。孙子反复说明九种地形的不同特点及其对用兵打仗的影响，他说"九地之变，屈伸之利，人情之理，不可不察"，并指出所应采取的作战策略。核心是使军队的作战行动与客观的地理环境及士兵的心理因素统一起来。强调适应地理形势的变化，因地制宜改变作战方针；

利用士兵心理变化,增强军队的战斗力等。

此外,"九地篇"之地,与前述各篇涉及的地理要素的一个重要区别是,前述各篇所述之地为自然地理,而"九地篇"之地,指的是兵要地志。既然此篇以战场为主题,前述各篇有关的战略战术原则、思想,自然要在战场上落地生根,所以在本篇的最后一段,孙子对其兵法中的战术行动做了一个小结。

【原文】孙子曰:用兵之法,有散地,有轻地,有争地,有交地,有衢地,有重地,有圮地,有围地,有死地。诸侯自战其地,为散地。入人之地而不深者,为轻地。我得则利,彼得亦利者,为争地。我可以往,彼可以来者,为交地。诸侯之地三属[1],先至而得天下之众者,为衢地。入人之地深,背城邑多者,为重地。行山林、险阻、沮泽,凡难行之道者,为圮地。所由入者隘,所从归者迂,彼寡可以击吾之众者,为围地。疾战则存,不疾战则亡者,为死地。是故散地则无战,轻地则无止,争地则无攻,交地则无绝,衢地则合交,重地则掠,圮地则行,围地则谋,死地则战。

【译】孙子说:(深入敌境)用兵打仗遇到的地形,有散地,有轻地,有争地,有交地,有衢地,有重地,有圮地,有围地,有死地。

战争发生在本土上,(因战场离士兵家近,士兵容易逃离、溃散,所以)这样的地形称为散地。

进入敌国境内不深,(离本国不远,士兵作战意志不坚,仍容易逃离,所以)这样的地形称为轻地。

我军争取到这个地形中的某个位置对我军有利,敌军争取到这个位置对敌军有利,(所以敌我双方必然要争取它),这样的地形称为争地。

(道路交错、四通八达之地,)我军可以往,敌军可以来,这样的地形称为交地。

各种势力交错的地区,谁先到谁就可以先行交结当地的势力,(从而得到他们的帮助,)这样的地形称为衢地。

深入敌国境内,士兵不敢轻易逃离,背后有很多敌国要塞,(远离本国交通,后退困难,形势严峻,)这样的地形称为重地。

山岭、森林、险要、阻塞、水网、湖泊等难以通行之地,称为圮地。

开始进入时道路狭窄，最后退出时的道路迂远，敌军用少数兵力就可以进攻我军大部队的地方，称为围地。

全军快速奋勇作战才能生存，不快速奋勇作战就不能生存的地方，称为死地。

一般情况下，在散地不宜作战；在轻地不宜停留；遇到争地则（要抢先占领关键位置，）不要等到敌军占领后再去强攻；在交地要注意军队首尾相互策应保持联络、交通线不可被切断；在衢地要注意结交地方势力并引为助力；在重地要注意征收掠夺当地粮草以保证军队物资供应；在圮地要注意设法快速通过；在围地要善于谋划以避免被敌军围困；进入死地必须奋勇作战，以死里求生。

【记】以地形论，孙子讲了部队将要面临的地理形势有以下九种。

一是散地。散是士兵容易逃离、军队易散之意。在自己国土、领地上，部众遇到危急情况很容易逃散，所以称这样的地形为散地。所谓散地则无战，是指在散地士兵容易逃散，不宜主动与敌作战。若敌人来攻，则可依地利设伏袭之。

二是轻地。所谓轻地，是指初入敌境，距我方不远，士兵可以轻易折还，斗志不坚。所谓轻地则无止，是指始入敌境，不可犹豫，不以战为务，不近名城，不由通路，以速进为宜。

三是争地。所谓争地，是指山水扼口之处，有险固之地利，敌我双方，谁先占据谁得地利。所谓争地则无攻，是指我方应当抢先占据争地，如果争地被敌方抢先占据，我方一般情况下不要勉强进攻。

四是交地。所谓交地，是指道路交错，地势平坦，我可以去，敌可以来，交通便利之地。所谓交地则无绝，是指往来交通，不可以使士兵、辎重阻挡道路，同时要保证队伍能相互策应不被敌方截断，保障道路畅通。

五是衢地。所谓衢地，是指三属（三方接壤）之地，我与敌相对，旁边还有他国的势力。所谓衢地则合交，意为处于交地进入衢地应该主动结交第三方势力，互为犄角。

六是重地。所谓重地，是指部队深入敌境，过人之城已多，孤身犯险，面临严峻形势。所谓重地则掠，是因粮于敌战略的具体实施，用抢掠的手段，就地解决军需供给问题。

七是圮地。所谓圮地，是指军队在山林、险阻、沼泽地带行动，不可为城垒沟隍，进退艰难，难以通行，无所凭依。所谓圮地则行，是指军队不可停留在这样的地方，遇到圮地必须要迅速通过。

八是围地。所谓围地，是指道路狭隘、山川围绕、入则险隘、出则迂回、进退无从、虽众无用（部队无法展开）之地。所谓围地则谋，是指身处险阻之地，与敌相持，当务之急，是要用奇谋脱险。

九是死地。所谓死地，是指山川险阻、进退不能、粮绝于中、敌临于外、围我数重、四塞不通之地。所谓死地则战，是指并力一心、人人自战，同仇敌忾、死战求生。

孙子所言九地，是我军可能面临的九种战场情况，以及主将临机处置的原则。

【注】

1 三属：三方共同所有。指三方势力交界之处。

【原文】所谓古之善用兵者，能使敌人前后不相及，众寡不相恃[2]，贵贱不相救，上下不相收[3]，卒离而不集，兵合而不齐。合于利而动，不合于利而止。敢问，敌众整而将来，待之若何。曰，先夺其所爱[4]，则听矣。兵之情主速，乘人之不及，由不虞之道，攻其所不戒也。

【译】所谓古时候善于用兵打仗的人，能够达到的战场效果是，使敌军前后部队不能相互策应，主力部队和辅助部队不能相互依靠，官兵不能相互照应，上上下下不能相互收拢在一起，士兵离散无法聚拢在一起，即便集合在一起也无法齐整如一。行动的原则是，有利就动，无利则止。请问："假如敌军众多，齐整如一向我推进，该怎样对付它呢？"回答说："先扼制住敌军的关键所在，使他们陷入被动然后就会听从我军的调遣了。"用兵打仗的诀窍在于兵贵神速，只有我军动作迅速，才能给敌军以措手不及，我军才有可能通过敌军意料不到的道路，去攻击敌军没有戒备的地方。

【记】此段话的核心要义是，作战要旨，宜先宜速。

宜先是掌握主动权。能够在战场筹划中，先敌一步，使敌人不相及、不相恃、不相救、不相收、离而不集、合而不齐。宜速是动作要快，兵贵神速，我方利用占先之利，夺敌所爱、乘敌不及、击其不虞、攻其不戒。

使敌人前后不相及，是我方设伏突袭，冲击敌人队伍，使其前后不可相顾。

使敌人众寡不相恃，是我方惊扰敌人，打乱敌军的部署，使其各部之间不能相互依靠和协同。

使敌人贵贱不相救、上下不相收，是我方冲击、打乱敌方的建制，使敌方指挥系统失灵，上下左右无法联系，不能收拢。

使敌人卒离而不集、兵合而不齐，是我方多设疑事，使敌人上下惊扰，无法聚集，即便聚集也不能整齐，形不成合力。

用兵的原则是，有利则动、无利则止。

如果敌方大部队来攻，必先考虑夺取敌方所恃之利、扼制敌方要害。或居其便利之地，或掠夺其田野，或断其粮道等等。怎样能使敌人不舒服就怎样来，自然敌方进退，受制于我方。

总的来讲，兵贵神速。我方占据主动权时，可以给敌方制造麻烦。当敌方陷于麻烦之中时，当敌人有不相及、不相恃、不相救、不相收等麻烦时，我方应当速攻，不可迟疑。

知敌之主，知敌之将，然后可以动于险。抢先到达敌人必经之地，占据有利地形，以逸待劳。一靠占据先机，走敌人想不到的路线，打敌人想不到的地点，调动歼灭敌人。二靠迅速突然，让敌人措手不及。

深入敌境作战，化被动为主动、反客为主，靠的是占先，靠的是神速。

【注】

2 恃：依靠。

3 收：收拢。

4 爱：要害，关键。

【原文】凡为客之道，深入则专，主人⁵不克，掠于饶野，三军足食，谨养而勿劳，并气积力，运兵计谋，为不可测。投之无所往，死且不北，死焉不得，士人尽力。兵士甚陷则不惧，无所往则固，深入则拘，不得已则斗。是故其兵不修而戒，不求而得，不约而亲，不令而信。禁祥⁶去疑，至死无所之。吾士无余财，非恶货也；无余命，非恶寿也。令发之日，士卒坐者涕沾襟，偃卧者涕交颐。投之无所往者，诸⁷、刿⁸之勇也。

【译】凡是进入敌国作战，应当遵循以下的规律。深入敌境，（在陌生的、有危险的环境中，警惕、求生的共同心理促使)军队上下能够团结一致,用心专一,敌军很难打赢这样的军队。在敌国丰饶的田野里掠夺粮草,使军队有足够的给养。同时注意保存士兵的体力,不使他们过于疲劳,想办法提高士气,集中兵力,合理配置兵力,巧用计谋,使敌军莫测我方高深。将军队投放在(除贯彻作战意图之外的其他方面)无路可走的地方,让士兵认识到只有拼死作战才能死里逃生,这种情况下士兵只有尽心尽力、拼死作战,哪有不得胜的道理。士兵陷入危险的境地越深,就越不会再感到恐惧;士兵到了无路可走的境地,大家反而会团结一致,军心稳固;深入敌境之后,军队就不会再散漫了;到了万不得已的时候,士兵都会和敌军拼个你死我活。这样(身处险境的)军队不用整顿就会自动戒备,不用激励就会尽力,不用管理就会同心协力,用不着三令五申就会遵守纪律和命令。在军队中禁止迷信活动,以消除士兵的疑虑,让士兵至死也不会想着往别处走。士兵丢弃财物,不是因为他们不爱财,而是因为携带钱财会影响他们求生。士兵拼死,不是因为他们不爱惜性命,而是因为不拼命就不能保命。军令下达之后,士兵们坐着的泪水沾湿了衣襟,躺着的泪流满面。把他们投入到除了向前拼命再也无路可走的地方,那么每一个士兵都会像专诸和曹刿一样的勇敢了。

【记】这一段讲的是,将领率军队深入敌境、寻敌决战时,调动军队的原则。

主将率领军队深入敌境,向三军表示不胜不还的决心。三军深入敌境,无所凭依,只有得胜归还一途。如此军心自然稳固。

率领全军进入敌境之后,三军的给养从敌人那里抢掠得来;不要让军队过于疲劳,养精蓄锐,提振士气;兵力部署要多加掩饰,不要让敌人揣测到我军的真实意图;故意投军于险,激励士兵拼死为战;等等。

当士卒深陷危地、无路可走时,三军同心,军心自然稳固;深入敌境,形势所迫,士兵就会拼死战斗。曹操注解:人穷则死战,不战则亡,战则存,死战可得生,死战可也。这样的军队不用修整,自然就小心戒备;不用约束,自然能亲近如一;不用申令,自然会信守号令。禁止迷信的行为,排除军队的疑虑,让士兵除了死战没有其他任何想法。士兵们舍弃财物,并非他们不爱财;士兵们不惧牺牲,并非他们不惜命。当作战命令下达的时候,士兵们泪水沾襟,一想到无路可走,只能死中求生,他们就会像专诸、曹刿一样勇敢了。

【注】

5 主人:指被进攻(被入侵)的国家和军队。

6 禁祥:禁止迷信活动。

7 诸:专诸,春秋时吴国的刺客。

8 刿:曹刿,春秋时鲁国武士。

【原文】故善用兵者,譬如率然[9]。率然者,常山[10]之蛇也。击其首则尾至,击其尾则首至,击其中则首尾俱至。敢问:兵可使如率然乎?曰:可。夫吴人与越人相恶也,当其同舟而济,遇风,其相救也如左右手。是故方马埋轮[11],未足恃也;齐勇若一,政之道也;刚柔皆得,地之理也。故善用兵者,携手若使一人,不得已也。

【译】所以,善于用兵打仗的人,能使军队如"率然"一样。率然是恒山一带的蛇,这种蛇,打它的头,尾巴就会来救应;打它的尾巴,头就会来救应;打它的中间,头和尾巴都会来救应。请问:"军队能做到像率然那样(首尾相顾、互相策应)

吗?"回答是:可以。吴国人和越国人虽然相互仇恨,但当他们同处一条船、遇到大风时,他们(为了活命)也会相互救援,就像一个人的左手和右手那样协调配合。所以,即便用拴住马、埋住车轮的办法防止士兵不按照要求行动,也是靠不住的。要想使士兵团结一致奋勇作战,关键在于主将的指挥得当。要想使军队中的强者弱者都能发挥作用,关键在于合理利用地形、向地形借力。所以善于用兵打仗的主将,指挥千军万马如同指挥一个人一样得心应手,是因为千军万马(因为形势所迫)不得不像一个人一样行动啊。

【记】善于带兵打仗的人,能够创造条件将士兵置于不得已的境地,从而使军队首尾相应、左右协同。吴人与越人虽然互相厌恶,但当他们同船渡河时,如果遇上大风(船有倾覆的危险),在死亡面前他们就会同心协力、共渡难关。如果把士兵置之死地,他们会如恒山之蛇遇到攻击时那样首尾相应。但是如果是在平易之地作战,危急时士兵容易散开逃走,这时即使缚住战马、埋起车轮,也不能稳定军队。孙子讲"方马埋轮",是为了反衬利用地形条件、人的心理变化等方法激励士兵、指挥作战的重要性。

【注】

9 率然：《神异经》记载，西方山中有蛇，头尾差大，有色五彩。人、物触之者，中头则尾至，中尾则头至，中腰则头尾并至，名曰率然。

10 常山：竹简作"恒山"。汉时避文帝刘恒讳，改为常山。

11 方马埋轮：拴住战马，不让它乱跑；埋住车轮，不让它乱走。

【原文】将军之事，静以幽[12]，正以治。能愚[13]士卒之耳目，使之无知。易其事，革[14]其谋，使人无识，易其居，迂其途，使人不得虑。帅与之期，如登高而去其梯。帅与之深入诸侯之地，而发其机，焚舟破釜，若驱群羊，驱而往，驱而来，莫知所之。聚三军之众，投之于险，此谓将军之事也。九地之变，屈伸之利，人情之理，不可不察。

【译】将军处事的原则，安静幽深，公正治理。不让士兵事先知道作战意图。经常变化行动部署，不断更新计谋，使他人无法推断我军的真实意图。经常变换驻扎的地方，行军多绕弯路，使敌军推测不出我军的真实意图。主将带领部属去完成任务，要像登高后抽去梯子一样，让大家能进不能退。主将率领军队深入敌国境内，要像拨动弩机射出箭一般，可往而不可返，烧掉渡船，砸破饭锅，以示决一死战。（率领士兵去行军打仗）就像赶着羊群，赶过去，赶过来，大家只知道跟着走，不知道要走到哪里去。聚集所有的兵力，投放到危险的境地，使他们不能不拼命作战，这是主将的职责。适应各种地形的变化来排兵布阵，根据是否有利来确定进攻还是防守，以及把握不同战场形势下人的心理变化，这些都是主将应当重视、研究的。

【记】为将之道，专难不如权巧。用严刑苛法管束军队是靠不住的。真正要使全军如一人，奋勇杀敌，在于将领指挥得当。要使士兵各尽其力，在于恰当地运用地形，做到人地合一。齐勇若一，势之使然。善于用兵作战的人，总是能够造势，驱使全军上下携手团结如同一人。

将军之事，要做到沉着冷静、幽深莫测、公正严明、有条不紊。只要让士兵服从命令，不要让士兵知晓作战计划，不要让敌人识别作战计划，更不要让敌人推断出行动意图。

向士兵下达作战命令时，就像登高后抽去梯子一样，让士兵知道只有勇往直前。焚舟破釜，自断后路，示以必死的决心。总的来讲，聚三军之众，深入敌境，寻敌决战，必投军于险，激发士兵们殊死决战的信念。如此，可获全胜。

将军之形。谨慎的沉默，是智慧之形。当你引起人们的惊奇和注视的时候，你是在效仿庙堂中神像的所为。神性需要庄重，大将亦如此。所以，主将平时在表面上表现出平静，因此没有人能窥知其内心，可谓深不可测。主将在任何事情上都不显露个人情感，都能公正处理，因此军队内部就会被治理得井井有条。

这里的"九地之变，屈伸之利，人情之理"是对本篇以上内容的复述，"九地之变"指本篇开头所讲九种地形中不同的作战方法。"屈伸之利"指"凡为客之道，深入则专……"那一段的内容。"人情之理"讲的是从"故善用兵者，譬如率然"到当前的内容。孙子行文至此，又将前面讲过的内容强调了一遍。

【注】

12 幽：幽深、深邃，让人一眼看不到底。

13 愚：蒙蔽。

14 革：变化、更新。

【原文】凡为客之道，深则专，浅则散。去国越境而师者，绝地[15]也。四达者，衢地也。入深者，重地也。入浅者，轻地也。背固前隘者，围地也。无所往者，死地也。是故散地，吾将一其志；轻地，吾将使之属[16]；争地，吾将趋其后[17]；交地，吾将谨其守；衢地，吾将固其结；重地，吾将继其食；圮地，吾将进其涂；围地，吾将塞其阙；死地，吾将示之以不活。故兵之情，围则御，不得已则斗，过[18]则从。

【译】进入敌国境内作战的原则是，进入敌国境内越深，士兵越能专心一致，进入敌国境内越浅，士兵越容易动摇逃散。离开了本土进入敌国境内作战，就等于进入了绝地。四通八达的地方叫作衢地，进入敌国境内深远的地方叫作重地，进入敌国境内较浅的地方叫作轻地，背后有坚固城堡、前面行进道路狭隘的地方叫作围地，无处可走的地方叫作死地。所以在散地作战要使官兵专心一致，在轻地作战要注意军队前后衔接、左右协同，在争地作战要注意争先（先派小股部队迅速抵达敌军后方抢占战略要地），在交地作战要注意警戒和防守，在衢地作战要注意率先和地方势力结交，在重地作战要注意保障给养，在圮地作战要注意快速通过，在围地作战要注意堵塞缺口（示以死战），在死地作战要注意告诉军队只有死战求生。士兵们心理变化的规律是，陷入包围就会抵抗，迫不得已就会奋勇作战，陷入危险境地就会自动听从指挥号令。

【记】心理会随着地理形势的变化而变化，这是人之常情。适应地理形势的变化，因地制宜改变作战方法；利用人的心理变化，增强军队的战斗力：这是将军的本分。

用兵之要，在于根据不同地理环境采取不同的应对策略，因地制宜、人地结合。要准确把握、利用不同地理形势下士兵的心理变化状态，以是否有利为原则确定伸（出击、进攻）还是屈（收缩、防守）。

一般来讲，进入敌境越深，士卒就越专心作战，进入敌境越浅，士卒就越容易逃离。因此，行军到离边境较近的散地，将领需要注意的是稳固军心，防止士兵逃离。军队进发到距离我方边境较近的敌方境内，要注意使我方部队前后衔接、左右协同，防止敌人分割包围。在争地作战，要让我方军队迅速直插敌军后方抢占要地，因为敌方要与我争利，其后方必定空虚，我军宜乘敌之虚，攻其无备，出其不意。逢交地，我方就要谨慎防守，主要是担心敌人前来袭击。在衢地，就要巩固与诸侯国的关系，使之成为我方的助力。在重地，主要是保证军队粮食供应，可以因粮于敌。经圮地，就要迅速通过不可停留。陷入围地，就要堵塞住敌方故意留下的缺口，告诉部队敌方的阴谋，示之不走之意。到了死地，就要展示死战的决心，激励士兵死中求生。

孙子讲，士兵的心理变化规律是，被包围就会同心抵御，迫不得已就会尽力拼斗，深陷于危险境地就会听从指挥、同心协力等。总之，人的心理会跟随环境的变化而变化，准确把握并加以引导、利用人的心理变化，这是增强军队战斗力的不二法门。

【注】

15 绝地：此处指军队面临的散地、轻地、争地、交地、衢地、重地、圮地、围地、死地等八种地形。

16 属：连接，相连。

17 趋其后：赶到敌军后方。意为与敌争先，抢先到达、占领有利地形。

18 过：甚，这里指深陷敌境。

【原文】是故不知诸侯之谋者，不能预交；不知山林、险阻、沮泽之形者，不能行军；不用乡导者，不能得地利。四五者[19]，不知一，非霸王[20]之兵也。夫霸王之兵，伐大国，则其众不得聚。威加于敌，则其交不得合。是故不争天下之交，不养天下之权，信己之私[21]，威加于敌，故其城可拔，其国[22]可隳[23]。施无法之赏，悬无政之令，犯三军之众，若使一人。犯[24]之以事，勿告以言；犯之以利，勿告以害。投之亡地然后存，陷之死地然后生。夫众陷于害，然后能为胜败。故为兵之事，在于顺详[25]敌之意，并敌一向，千里杀将，此谓巧能成事者也。是故政举之日，夷关[26]折符[27]，无通其使，厉[28]于廊庙之上，以诛[29]其事。敌人开阖[30]，必亟入之。先其所爱，微与之期。践墨[31]随敌，以决战事。是故始如处女，敌人开户，后如脱兔[32]，敌不及拒。

【译】所以不了解诸侯的底细和真实打算的，不能与他交兵。

不知道山岭、森林、险要、关隘、水网、湖泊、沼泽等地理形势的，不能在这些地方行军打仗。不能有效使用向导的，不能得地利。

以上所述的（指孙子兵法中所有的）战术要点，有一个不了解，就不能成为霸王的军队。霸王的军队，进攻大国（速度迅猛）能使他们的军队和民众来不及动员、集中，军事威胁加诸敌国头上，能使其他国家（远远地回避）不敢与它结交。所以拥有霸王之军的国家，不必争着与哪个国家结交，也没有必要去刻意培植哪一方势力，只要我军的实力足够，把强大的实力加诸敌国头上，必要时就可以攻占敌国的城堡，毁灭敌人的国都。施行超越常规的奖赏，颁布打破常规的号令，（使用利和害两个手段）指挥全军官兵就像指挥一个人一样。让军队去执行任务，不告诉他们为什么；让军队去争夺好处，不告诉他们有什么危险。把士兵投入到危地才能保存，使士兵陷入死地然后才能得生。士兵处于危险的境地，然后才能尽力争胜。所以用兵打仗指挥作战，谨慎地审察敌人的意图，然后集中兵力进攻敌人有空隙的方向，长驱千里，灭杀敌方首脑。这就是巧能成事啊。所以在决定要采取战争行动的时候，就要事先封锁关口，销毁通行证件，不许敌国使者来往。然后在庙堂之上，认真研究策划战争事宜。一旦敌人露出破绽，我军当立即乘隙而入，先夺取占领关键的战略位置，不要和敌人约定期限会战。实施作战计划要随着敌情变化做灵活调整，以决定军事行动。（军事行动）开始时要像处女一般沉静，乘敌人不备露出破绽，然后如同逃脱的兔子那样迅速，使敌人来不及抵抗。

【记】孙子在"九地篇"末尾，对《孙子兵法》的战术内容做了一个简单的总结。

一句话：巧能成事。

所谓巧能成事，是指做事情要按照客观规律来。虽然说战争是机会的领域，但是机会既是天时地利带来的，更是人为的。主动地了解、掌握并自觉顺应战争规律，就能成事。否则，要想胜利只能靠撞大运。

什么是战争的规律？比如要掌握战场主动权，致人而不致于人；比如要避实击虚；比如要攻其无备、出其不意；比如"九变""九地"等，都是经验的总结。

孙子讲："不知诸侯之谋者，不能豫交；不知山林、险阻、沮泽之形者，不能行军；不用乡导者，不能得地利。"这几句话是"军争篇"中的内容，此处再行强调，意思是，要想巧能成事，做到这三点很重要。

再往前追溯，不了解诸侯的底细和真实想法，就不能与之交战，这是"谋攻篇"强调的主旨；不熟悉山林、险阻、沮泽等地形情况，就不能从此处行军，这是"行军篇"强调的主旨；不用熟悉地形的当地人做向导，就不能得地利，这是"军争篇"强调的内容；等等。

《孙子兵法》中所讲的战术原则，如果有一项做不到，军队的战斗力就会大打折扣，就不能称为霸王之兵（能够称王称霸的部队）。

霸王之兵能知敌谋、得地利，使敌人上下不相救、左右不相恃。敌方虽有大国之众，当我方攻伐时，可使其来不及动员、集聚，无法组成有效的抵抗。我方军威施加于敌人头上，可使他国不敢与其结交。这些都是"谋攻篇"伐谋的思想，力图不战而屈人之兵。

事实上，我方没有必要去想方设法与天下诸侯结交，也用不着在诸侯中培植自己的势力。只要我方军力（实力）足够，就可以震慑敌人，就可以拔取敌人的城邑，摧毁敌人的国都。这些是伐兵攻城的思想。

怎样才能指挥全军如同指挥一人，做到齐勇若一？靠赏罚、靠政令，特殊时期要不拘常规。

怎样才能激发军队的战斗力？一是布置作战任务时，只讲其利，不说其害，所谓利诱。二是投兵于险，使他们相信只有殊死战斗才有生存的希望，所谓威逼。

孙子提出"并敌一向，千里杀将"，应是当时新兴的集中优势兵力、实施大规模战略奔袭的做法。一是秘密谋划，隐蔽准备。要掌握敌军的意图，通过实施诡道形敌，假装顺从敌军的意愿，迷惑敌军。要认真研究作战计划。要封锁消息，严防机密外泄。二是捕捉战机，当敌国出现有利于我方的形势时，就要果断出击。三是选择主攻方向，原则是孙子讲的"乘人之不及，由不虞之道，攻其所不戒"。四是迅猛出击，一个特点就是快。五是在奔袭过程中灵活应变，把握住战场主动权，《孙子兵法》"军争""九变""行军"诸篇讲的就是这些内容。六是长驱千里，深入敌人腹地与其决战，在死地与敌决胜。这就是巧能成事。

孙子接着讲，一旦决定作战，就要封锁消息，研究作战计划。准备妥当以后，发现敌人有机可乘，就要迅速行动。首先是夺取、钳制敌人最紧要的地方，不要让敌人掌握作战日期，以攻其无备、出其不意。作战计划要因地制宜、因时制宜，随着敌情变化而改变，有利则动，无利则止，一切以战争胜利为标准。行动开始时要像处女一样沉静、不露声色，行动展开后要像逃脱的兔子一样迅速，使敌人来不及反应。

所谓胜利的秘诀，就是正面对敌时，我多敌少、我强敌弱。因为战场搏斗时，力强者胜，这是不二法门。所谓战略战术，就是要营造决战时我强敌弱的局面。所谓巧能成事，是指如果能够实现这一局面，就能取得胜利。

在具体的作战方略上，孙子尤其注重地理和人情。

在农业社会阶段，由于生产力的限制，人的活动受到地理空间的约束较大。有人讲，地理是历史的子宫，大意就是地理环境孕育了人类文明。

战争也是这样，面对人力不可挑战的地理环境，行军路线、战场选择、排兵布阵等，只能顺应、跟随地理空间位置的变化。所谓"一夫当关，万夫莫开"，就是人力很难挑战地理位置形成的优势。如今的情况不同了，人可以借助工具上天下海，地理因素不再是行动的硬约束了。在这种情况下，《孙子兵法》关于地理因素的思想，是否落后于时代、不管用了？

不是这样的。虽然外在的方式方法变了，但《孙子兵法》

关于地理与人情的思想，仍旧是极为宝贵的。

人与外在的地理环境，无时无刻不在进行着交互。人的心理会随着地理环境的变化而变化，这是客观现实。立足于这一现实，要巧妙地利用人的心理变化，激发人的主观能动性，从而极大地增强士气和军队的战斗力。《孙子兵法》中关于地理与人情的思想，阐述的就是这个道理。

简单地讲，就是根据地理环境的变化了解人的心理变化，然后顺应人情物理而作为。比如，《孙子兵法》中常谈到的，顺应地理环境，投兵于险，使其众志成城，的确是高明的手段。

俗话讲，人不可与天争。什么是"天"？人心就是天。通常讲的顺势而为，就是顺应人心而为。人的是非之心，是分善别恶之心。一切善恶最后的标准，便是人心之好恶。人们因为好生恶死，所以助长生者为善，人们称之为是；摧抑生者为恶，人们斥之为非。人又叫一切善为天理，其实只是人心，只是人心之好恶。所以，天理就是人心。人不可与天争，意思就是要顺应人心而为。

要想在战场上做到人地合一、人地相得，就要掌握不同地理环境下人的心理变化，然后顺应这种变化，激发出人的欲望——胜利的欲望、求生图存的强烈欲望，如此方能极大地调动士气和战斗力。

进一步讲,群体是建立在个体的基础之上的。无法成就个体,就不会有真正有凝聚力的群体。事实上,不是部队首长要干什么,而是广大的士兵想要干什么。所谓军心、民心,就是大家想要干什么,这才是真正的决定因素。高明的领导者,是那些能够知道并能及时影响、顺应、利用人心变化来引领众人取得胜利和成功的领导者。

顾炎武在《日知录·言私其豵》中谈道,自天下为家,各亲其亲,各子其子,而人之有私,固情之所不能免矣。故先王弗为之禁。非惟弗禁,且从而恤之。建国亲侯,胙土命氏,画井分田,合天下之私以成天下之公,此所以为王政也。至于当官之训,则曰以公灭私,然而禄足以代其耕,田足以供其祭,使之无将母之嗟,室人之谪,又所以恤其私也。此义不明久矣。世之君子必曰"有公而无私",此后代之美言,非先王之至训也。

《庄子》讲:古之至人,先存诸己,而后存诸人。儒家讲立己而后立人。佛家也讲先求自度,然后度人。在这方面,各家的道理都是一样的。否则,如《庄子》所言:所存于己者未定,何暇至于暴人之所行?

所以,群体源自个体,欲使大家齐心一处,须合众之私以成公。反之则不通，不通则不行。勉强行了，也不能长久，不可持续。

让军队齐勇若一，大家心向一处，须合众人之私以成公。这个道理，就是顺应人情变化而为的理论基础啊。

人，是存在个体差异的。要想让统领百万大军的将领照顾到军队中的每一个人，是不现实的。所以，高明的统领，往往是那些能够引领舆情（管理士兵心理变化）的人。很多时候，人心就是舆情，舆情就是人心。这个是需要特别注意的。

【注】

19 四五者：指《孙子兵法》中所述的所有战略战术要点。

20 霸王：诸侯之长为霸，号令天下为王。

21 信己之私：依靠自己的力量，不必求助于他人。

22 国：这里指国都，即都城。

23 隳：毁。毁坏，毁灭。

24 犯：用。

25 顺详："顺"通"慎"，此处顺即慎。详，审、察。顺详即谨慎地审察（敌人的意图）。

26 夷关：封锁关口。

27 折符：销毁符节，符节即通行凭证。

28 厉：磨砺，指反复计议。

29 诛：治，决断的意思。

30 阖：门扇。

31 践墨：按照墨线的印迹走。这里的墨线指事先确定的作战计划，践墨指战时实施作战计划。

32 脱兔：逃脱的兔子。

火攻篇

古人讲，五兵之中，唯火最烈。在孙子所处的年代，火攻，大约是最为惨烈的战斗了，是一种毁灭性的战争手段。时过境迁，兵法中讲火攻的方式方法，于今天的战场已经没有讨论的意义了。但是，孙子在"火攻篇"中宣扬的慎战思想，还是非常宝贵的。

【原文】孙子曰：凡火攻有五，一曰火人，二曰火积，三曰火辎，四曰火库，五曰火队。行火必有因，烟火必素具[1]。发火有时，起火有日。时者，天之燥也；日者，月在箕壁翼轸[2]也，凡此四宿者，风起之日也。

凡火攻，必因五火之变而应之。火发于内，则早应之于外。火发兵静者，待而勿攻，极其火力，可从而从之，不可从而止。火可发于外，无待于内，以时发之。火发上风，无攻下风。昼风久，夜风止[3]。凡军必知有五火之变，以数守之。

故以火佐攻者明⁴，以水佐攻者强⁵。水可以绝⁶，不可以夺⁷。

【译】孙子说，火攻有五种，一是用火直接烧敌军，二是用火烧敌军的粮草、器材，三是用火烧敌军的辎重，四是用火烧敌军的仓库，五是用火烧敌军的交通要道。火攻必须满足条件，火攻的器材必须事先准备着。放火要看天时，起火要选日子。天时是指干燥的气候环境；日子是指月亮经由箕、壁、翼、轸四星宿的位置，月亮经由这四星宿的位置，就是起风的日子。

凡是用火攻，必须凭借这五种火攻方式并根据敌情变化来使用，同时以相应兵力和战术来配合。从敌军内部放火，要及时派兵从外部策应。火已经烧起但敌军仍然保持安静者，应该等待（观察敌情变化），不可马上发起攻击，看看火情（形势）的变化，如果可以进攻就进攻，不可以进攻就停止。如果计划从外部放火，就不必等待内应，看到气候条件和时机合适直接放火就可以了。如果在上风放火，不可从下风发起进攻。白天刮风时间久了，夜晚就容易停止（刮风）。军队必须懂得灵活地运用五种火攻的方法，并根据环境气候条件和时机，合适的时候就使用火攻。

所以用火助攻，主将必须具备驾驭火的能力并拥有随机应变的智慧。用水助攻，兵力必须强大（因为改变水道和流向需要使用庞大的劳动力）。水攻可以对敌军产生阻断、隔绝的作用，而不会像火攻那样产生直接毁灭敌军的作用。

【记】火攻的正文到此结束。孙子特别强调，使用火攻需要注意种种条件和相应的战术，否则可能会自食其果。事实上，除地利之外，借助水火等其他自然之力来辅助战斗，也是军事家必备的素质。水火之外，云雾山川、风雨雷电，以及飞禽走兽，甚至"妖魔鬼怪"、流言等，都可以是军事家手中的利器。天地万物，都可以作为战胜敌人的武器来使用。

【注】

1 素具：事先准备，预先备齐。

2 箕壁翼轸：星宿名。古人认为月亮经由箕、壁、翼、轸这四个星宿的位置时多风。

3 昼风久，夜风止：古人认为白天风刮的时候久了，夜晚就会停风。今天看来，这些不是科学的结论。

4 明：智。意思是用火助攻需要主将掌握驾驭火的科学知识、具备随机应变的智慧。

5 强：强大的兵力。意思是改变水道和水流的方向，需要投入巨大的兵力。

6 绝：隔绝、断绝。

7 夺：毁灭。

【原文】夫战胜攻取，而不修其功者凶，命曰"费留"[8]。故曰：明主虑之，良将修[9]之。非利不动，非得不用，非危不战。主不可以怒而兴师，将不可以愠而致战。合于利而动，不合于利而止。怒可以复喜，愠可以复悦，亡国不可以复存，死者不可以复生。故明君慎之，良将警之，此安国全军之道也。

【译】打了胜仗，虽然占领了敌方的城堡，但不能有效巩固胜利成果，不能达成战略目标，这种情况叫作"费留"。所以说，明君要慎重地考虑这个问题，良将要高度地警惕这样的事情发生。对我方没有利就不行动，没有获胜的把握就不兴兵，不是危险逼迫就不作战。国君不能因为一己之怒而发动战争，主将不能因为气愤而出兵求战。对我方有利才行动，对我方不利就停止。愤怒可以转变为喜悦，不高兴可以转变为高兴，国家灭亡了就不可以复存，人死了就不能复生。所以，明君要对此（战争）慎重，良将要对此（战争）警惕，这是安定国家和保存军队的关键。

【记】军事家应当超越战争来看待战争。因为战争本身不是目的，战争只是达成国家政治目的诸多手段中最有效的那一个。如何通过战争达成目的，才是指导战争行为的最高指挥棒。所以，孙子讲："夫战胜攻取，而不修其功者凶，命曰'费留'。"所谓"费留"，一种可能是，战既胜，攻既取，战争的目的达到了，就应当息兵罢战。否则，穷兵黩武，祸患必由此起。这种"费留"的意思，就是白费功夫。过犹不及，不如不做。还有一种可能是，只注重战场上战胜敌人，不注重扩展战果，消灭敌人有生力量，巩固我方兵力。这样的胜利，也是费时费力，白费功夫。如何解决"费留"问题？办法是《孙子兵法》"作战篇"提出的"胜敌而益强"。

孙子讲："非利不动，非得不用，非危不战。"意思是，不打不符合国家利益的战争，不打得不偿失的战争，不打非战不可解除危急的战争。战争决策中的慎战思想，强调发动战争需要符合以下三个条件：一是要符合国家利益，二是要有客观的取胜基础，三是为了铲除危及国家安全的因素。符合这三个条件后，做出的战争决策才是符合慎战思想的。

孙子又讲："主不可以怒而兴师，将不可以愠而致战。"所谓怒，是一个人强烈气愤时的表情。而愠，则是将不服、不满憋在内心时的表情。一个人随着环境条件的变化，在情感上怒或者愠的表情变化是正常的，但由于怒和愠而发动战争、上场求战，则是不正常的。一个人成熟的标志，就是不因情感变化而失去心理平衡。这是讲决策者不能因个人情绪变化影响战争决策。事实上，历史上因个人情绪变化而发动战争最终失败的案例很多。

孙子接着讲："合于利而动，不合于利而止。"这是在讲战场进退的原则。这句话听起来容易，做起来很难。因为很多情况、战场变化，都是不断运动变化的周期性过程。战场形势，一旦到了利害关系的转折点，将领就要敏锐地把握住，是进是退，必须果断决策，否则就会陷入被动。

慎战思想，是《孙子兵法》贯穿前后的主要思想。从"计篇"一直到"用间篇"，每篇都含有慎战的思想。其中"作战篇"和"火攻篇"对此的论述最多。"作战篇"是从战争对社会经济产生巨大损耗的角度讨论慎战的。孙子认为长期持久的战争会造成经济的崩溃和政权的瓦解，所以发动战争要慎重，不得不战也要兵贵神速。"故兵闻拙速，未睹巧之久也。夫兵久而国利者，未之有也。故不尽知用兵之害者，则不能尽知用兵之利也。"

"火攻篇"更是进一步讲，发动战争没有后悔药。"怒可以复喜，愠可以复悦，亡国不可以复存，死者不可以复生。故明君慎之，良将警之，此安国全军之道也。"慎，是做出判断和决定时谨慎地思考和行动。而警，则是在完成应该做的事情时不能有疏忽。孙子用语之精妙，看到这里，不能不佩服。

不可轻言战争。若能不战而屈人之兵，不战亦可达成目的，不战可也。若小战即可达成目的，就不要大战。战争只是解决争端的一种机制，除了战争，如果还有其他的办法，就不要轻易发动战争。兵凶战危，到了不得已而用之的时候，也要十分慎重。

在慎战方面，《吴子》的见解与孙子如出一辙。甚至比孙子更进一步，《吴子》指出胜利中包含失败的危险："战胜易，守胜难。故曰：天下战国，五胜者祸，四胜者弊，三胜者霸，二胜者王，一胜者帝。是以数胜得天下者稀，以亡者众。"吴子所言，发人深省。与孙子所谓的"费留"，可以相互印证。

有句话说，喜欢言兵事者，不是知兵之人。戒之。

【注】

8 费留：浪费钱财、浪费资源，拖延时间，白费功夫。结果是兵连祸结，力屈财竭，而无法解脱。这种情况对战争来讲极为不利。楚汉相争时，项羽虽然战无不胜，但他每次战胜之后都没有有效消灭敌人，结果最终败亡。

9 修：儆，警惕之意。

用间篇

兵法曰：致人而不致于人。把握战争的主动权，在很大程度上取决于对相关信息的掌握程度。一般而言，在信息不对称的情况下，信息占优的一方知道对方的情况，而对方不知道他的情况，这样他就有更多的机会把握住主动权。所以说，胜于先知。

用间的目的就是先知。孙子认为，只有知彼知己，才能百战不殆。而知彼的重要手段之一就是用间，就是要事先掌握敌情，了解敌人的真实情况和意图。孙子的兵法理论以知为核心，胜敌在于知敌，知敌在于用间。

【原文】孙子曰：凡兴师十万，出征千里，百姓之费，公家之奉，日费千金。内外[1]骚动，怠于道路，不得操事者，七十万家[2]。相守数年，以争一日之胜，而爱爵禄百金，不知敌之情者，不仁之至[3]也，非人之将也，非主之佐也，非胜之主也。

故明君贤将，所以动而胜人⁴，成功出于众者，先知也。先知者，不可取于鬼神，不可象于事⁵，不可验于度⁶，必取于人，知敌之情者也。

【译】孙子说，凡兴兵十万，出征千里，老百姓的耗费，公家的开销，每天需要花费千金。战事引起全国上下动荡不安，运送军需物资的队伍在道路上缓慢移动，因而不能耕作的农户将有七十万家。就这样战争持续数年，只为了取得一朝的胜利，如果只是吝惜爵禄和金钱（而不去重用间谍），以致不能及时了解敌情（而无法把握住战争的主动权），这样做是麻木不仁的，这样做的主将是不负责任的主将，不是国君的良辅，无法取得战场胜利。

所以明君贤将，他们之所以一出兵就能够战胜敌人，取得不俗的成功，核心在于先知。先知从哪里来？不可祈求从鬼神那里得来，不可用相似的事情来类比推理，不可用推验天象的方法获得，一定要从知道敌人情况的人那里获得。

【记】孙子先讲事先了解敌情的重要性，大意是胜敌在于知敌，知敌在于用间。孙子对比了战争费用和用间费用，指责不肯在用间上花钱的主将为麻木不仁。然后讲事先了解敌情有三不可。一是不可取于鬼神，反对迷信。二是不可象于事（这是易经推理中的惯常做法），即不可机械地类比推测。三是不可验于度，即不可根据天象变化来获得什么启示。这些反映了孙子一贯的实用理性精神。

【注】

1 内外：即前文所讲的公家与百姓，也就是政府与民间。

2 七十万家：根据曹操注，古者八家为邻，一家从军，七家奉之。言十万之师举，不事耕稼者七十万家。

3 不仁之至：通常解释为缺乏仁爱之心。结合上下文义，应当解释为麻木不仁。即这样的主将对利害轻重得失等缺乏辨别能力。

4 动而胜人：指一出兵就能战胜敌人。

5 象于事：以过往相似的事情做类比、类推。

6 验于度：以日月星辰在天上的位置来占卜吉凶祸福。

【原文】故用间有五：有因间，有内间，有反间，有死间，有生间。五间俱起，莫知其道，是谓神纪，人君之宝也。因间者，因其乡人[7]而用之；内间者，因其官人[8]而用之；反间者，因其敌间而用之；死间者，为诳[9]事于外，令吾间知之而传于敌间也；生间者，反报也。

【译】间谍有五种，即因间、内间、反间、死间、生间。五种间谍可以同时使用，使敌人难以辨别我方使用间谍的方法和规律，这是最为神妙莫测的境界。所谓因间，是诱使敌人乡间基层官吏来为我方提供情报；所谓内间，是诱使敌人高官身边的随从或亲信来为我方提供情报；所谓反间，是诱使敌人派到我方的间谍为我所用（为敌人提供假情报）；所谓死间，是冒死向敌人传递假情报以诱使敌人上当的间谍；所谓生间，是能够活着回来报告敌情的间谍。

【记】介绍了五种类型的间谍。

【注】

7 乡人：春秋时期指乡大夫，即掌握一乡基层政教权力的官吏。

8 官人：官即馆，官人即舍人。指王公贵族身边的随从或亲信，他们有接近或参与机密的便利。

9 诳：欺骗，迷惑。

【原文】故三军之事，莫亲于间，赏莫厚于间，事莫密于间。非圣智不能用间，非仁义不能使间[10]，非微妙不能得间之实。微哉微哉，无所不用间也。间事未发而先闻者，间与所告者皆死。

【译】在军队的各种事情中，没有比间谍更亲信的人，没有比间谍得到更优厚奖赏的人，没有比使用间谍更秘密的事项。主将不是绝顶聪明智慧，不能使用间谍；主将不是仁义之士，不能使用间谍；主将不是用心精微，不能从间谍的情报中筛选出有价值的信息。真是微妙啊，没有主将不用间谍的啊。间谍任务尚未完成，如果消息（间谍身份或任务）外泄，那么间谍和知悉秘密的人，都要被处死。

【记】孙子讲用间的原则是：信任、厚赏、保密。信任，即主将与间谍要建立起亲近信任关系，彼此诚信不渝。厚赏，即给间谍以最优厚的物质和精神待遇，以此来褒奖和激励间谍。保密，即绝对保密是间谍工作成功的前提。

【注】

10 非仁义不能使间：意为要求主将，以仁笼络间谍意志，以义勉励间谍节操。主将若不是仁义之人，很难取得间谍的信任、信服，间谍就很难为他所用。

【原文】凡军之所欲击，城之所欲攻，人之所欲杀，必先知其守将、左右、谒者、门者、舍人之姓名，令吾间必索知之。必索敌人之间来间我者，因而利之，导而舍之，故反间可得而用也。因是而知之[11]，故乡间、内间可得而使也；因是而知之，故死间为诳事，可使告敌；因是而知之，故生间可使如期。五间之事，主必知之，知之必在于反间，故反间不可不厚也。

昔殷之兴也，伊挚[12]在夏；周之兴也，吕牙[13]在殷。故惟明君贤将，能以上智为间者，必成大功，此兵之要，三军之所恃而动也。

【译】凡是要打击的敌方军队，要攻取的敌方城堡，要杀死的敌方人员，一定要先知道他们的主将、左右亲信以及负责上传下达的官员、门卫、近侍人员的姓名，令我方间谍一定要打听清楚。必须搜寻出前来侦探我方信息的敌方间谍，要用重金收买、优礼厚待，然后交给他任务，这样的反间就可以为我所用。通过反间了解情况，就可以发展出乡间、内间来为我所用；通过反间了解情况，就可以派死间投敌所好向敌传递假情报；通过反间了解情况，就可以使生间如期报告敌情。五种间谍的使用，主将必须都能懂得，关键在于反间的使用，所以对待反间是不可以不厚待的。

（历史上成功使用反间的案例是，）从前商朝兴起，原因是他们重用的伊尹熟知夏朝的情况；周朝的兴起，主要是因为他们重用的姜尚熟悉殷商的情况。所以明君贤将，能使用有超凡智慧的人做间谍，一定能成就伟大的功业。（使用间谍是）用兵的关键一招，是一切军事行动的前提。

【记】孙子特别强调反间的作用，对反间要重金收买，充分利用。认为反间是一切间谍发挥作用的前提，反间利用好了，一切间谍工作就可以全面有效地开展起来，形成五间俱起的局面。并列举了历史上两个伟大的反间（即伊尹、姜尚）的例子。试想，如果敌方阵营中的关键人物能够为我所用，肯定是非常理想的状况了。

《孙子兵法》"用间篇"讲，行军打仗，必先知敌情。欲知敌情，必先有人侦探敌情。如何探听敌情？"用间篇"给出的答案是，将领不吝小费，多养间谍，广其耳目，以预知敌情为要。然后，"用间篇"给出了种种办法。

知，是《孙子兵法》中一个非常重要的概念。《孙子兵法》全书有"知"字70多个，具体有知己知彼、知天知地、知常知变、先知全知等。《孙子兵法》开篇即讲"知"，"计篇"讲"知之者胜，不知者不胜"。通过"主孰有道？将孰有能？天地孰得？法令孰行？兵众孰强？士卒孰练？赏罚孰明？"达到"知胜负矣"。"谋攻篇"讲："知彼知己者，百战不殆；不知彼而知己，一胜一负；不知彼，不知己，每战必殆。"强调既要了解对手，也要了解自己，如此方可放手一搏。"虚实篇"讲："故策之而知得失之计，作之而知动静之理，形之而知死生之地，角之而知有余不足之处。"强调我方主动试探，目的是获得敌方情况。

孙子坚信"胜可知"，认为战争胜负是可以预测、必须要预测的。他认为要做到未战先知，在战前要充分考虑、预测战争胜负的可能性。首先是民心向背、天时好坏、地理优劣、将才拙能、法令执行等决定战争胜负的基本因素，接着是作战双方各种情况的比较,进而推知未来战争的结局。"知胜有五:知可以战与不可以战者胜,识众寡之用者胜,上下同欲者胜,以虞待不虞者胜,将能而君不御者胜。"与之相反,"不知军之不可以进而谓之进,不知军之不可以退而谓之退,……不知三军之事而同三军之政……不知三军之权而同三军之任……"将陷于必败之地。

孙子说:"多算胜,少算不胜。"多计胜少计,条件准备充分的能战胜准备不充分的。不仅战前如此,他还讲述了战斗过程中如何对战争结局进行认知。"夫势均,以一击十,曰走"以及弛、陷、崩、乱、北等六种情况,在战场上,哪一方军队存在这六种情况之一,失败就会属于哪一方。

战场形势瞬息万变,"知"必然是一个多重叠加的动态过程。要想真正了解敌方的真实情况,必须动态跟踪敌方的各个方面,并进行反复研究和判断,据此不断调整兵力部署和战略重点。一般而言,战场上,可以通过对直接观察到的各种信息进行比较分析来掌握敌人动向。《孙子兵法》"行军篇"介绍相敌三十二法,就是那个时代在实战中获取重要信息的经验之谈。战场瞬息万变,战机稍纵即逝,战场主动权在很大程度上取决于占得先机,而抢占先机,前提是先知。

"知"最难的，不仅要知敌人，还要知自己；不仅要知敌情，还要知敌之"知"，这是预测敌人下一步行动的关键。而知敌之"知"，非间谍不可。所以孙子将兵法最后一章确定为用间。

关于用间，孙子提出无时不用、无处不用、无人不用，五间并用。一是确保信息来源的多样化；二是虚实相映、真伪难辨，用于迷惑敌人。获取情报以后，重要的工作是甄别真伪。情报只是原始材料，能不能用、如何用，取决于决策者的眼光和智慧。孙子最后讲，需要用上智之人从事谍报工作，这有些过于理想化了。

在《孙子兵法》中，"知"字出现的频率较高，单字出现频率排名第三。与"知"相关的字，有间、道、法、谋、计、智等。重计、重谋、重智是《孙子兵法》的特色，无知则无计、无谋、无智。

此外，在《孙子兵法》中，出现频率最高的字是"地"，共出现88次。这是其时代特征的反映。因为在孙子的时代，战争都是在地面进行的，受科技水平和生产力所限，人力不能克服地理障碍，所以他在兵法中对地形地理给予了极端的重视。

出现频率排名第二的是"胜"字，共出现83次。孙子所谓胜，除了军事斗争的目的是胜利之外，他将战争制胜的因素进行了系统化、理论化概括，从而揭示战争指挥者必须遵从战争客观规律的思想。

然而，理论是理论，真的上了战场，兵法全忘了。真正将兵法战策融会贯通到日常行为，还是需要多加训练和实践，形成肌肉记忆。

【注】

11 因是而知之：是，指反间之事。之，指敌情。通过反间了解敌情。

12 伊挚：即伊尹，商汤用他为相，打败了夏桀。

13 吕牙：即姜子牙，周武王用之为师，辅助武王灭商。

后 记

一

《孙子兵法》是中国百代谈兵之祖。经过历代兵家、学者研读、注解，大众口口相传，《孙子兵法》的实用理性思维，早已渗透进世世代代中国人的血脉和心智之中，成为我们行为方式中不假思索的存在。

《周易·系辞传上》曰："百姓日用而不知，故君子之道鲜矣。"不仅老百姓，就是专门的研究者，也未必能明其奥义。孙子之学，幽深难测，百代注疏，莫衷一是。可见经典之难解、难领会、难应用。或者不是经典难学，而是事情难做；不是实践难，而是达成心愿难。

宋代武学博士何去非有句话，大意是，不要把兵法当作教条，而是要结合实际情况灵活运用，与时俱进，不断发扬光大，丰富完善，紧扣兵法的核心精神，自如运用，才是最好的状态。这方面有很多鲜活的案例，比如"敌进我退，敌驻我扰，敌疲我打，敌退我追"的游击战术，比如"牵着敌人的鼻子走""集中优势兵力，各个歼灭敌人""不打无准备之仗，不打无把握之仗"，甚至"你打你的，我打我的，打得赢就打，打不赢就走"等，这些胜利者战争经验的总结，无不是对《孙子兵法》思想的贯彻与再创造！所以，所有的成功都不是偶然的。

与上述实践出真知相反的例子，最为典型的应该在宋代。历史上，宋代兵多、器好（火器），论军力装备，可能是当时世界上最好的。兵学研究也非常发达，印《武经七书》，兴武举，为一时之盛。但这个中国兵学最为发达的时期，却是（站在宋朝视角上是）军事史上最为耻辱的时期，经常让人追着屁股打。

我认为，读书人只读《论语》，不在事上磨炼，最终难免会沦为空谈仁义道德，这是这个世界上最大的伪善。要改变"所用非所学，所学非所用"的积弊，弥补实践欠缺之课，还是要从学习充满实用理性精神的《孙子兵法》着手。

作为一个未睹战事的读书人，学习《孙子兵法》纯粹是个人兴趣。按照实践出真知的原则，我对《孙子兵法》的解读及个人见解,是没有经过实践的,自然算不上什么。然而,多年来通过边读边译边记的方式,试图提炼出来一些兵法的精粹,现在以笔记的方式呈现出来,算是表达一下对经典的无限崇敬吧。

本书以中华书局上海编辑所1961年影印版《宋本十一家注孙子》为底本。另增引文物出版社1976年版银雀山汉墓竹简《孙子兵法》若干处,如"守则有余,攻则不足"和"可使毕受敌而无败者"中的"毕"等,已经在文中标明。

不足之处,敬请批评指正。

主要参考文献

1. 《隆美尔战时文件》,解放军出版社,1959。
2. 《大学 中庸》,王国轩注,中华书局,2006。
3. 《韩非子》,高华平、王齐洲、张三夕译注,中华书局,2010。
4. 《荀子》,方勇等译注,中华书局,2011。
5. 《左传》,郭丹等译注,中华书局,2012。
6. 《武经七书》,骈宇骞等译注,中华书局,2020。
7. 《传习录》,陆永胜译注,中华书局,2021。
8. 《道德经》,张景、张松辉译注,中华书局,2021。
9. (汉)司马迁:《史记》,中华书局,1999。
10. (汉)黄石公:《素书》,刘泗编译,上海三联书店,2015。
11. (汉)刘向:《战国策》,上海古籍出版社,2015。
12. (魏)王弼、韩伯康注,(唐)孔颖达等正义:《周易正义》,

上海古籍出版社，1990。

13. （晋）郭象注，（唐）成玄英疏：《庄子注疏》，中华书局，2011。

14. （南朝梁）刘勰：《文心雕龙》，上海古籍出版社，2015。

15. （宋）苏洵：《权书》，张以文、刘凯译析，民族出版社，2000。

16. （明）戚继光：《纪效新书》，中华书局，1996。

17. （清）顾炎武：《日知录集释》，上海古籍出版社，2006。

18. A.H.若米尼：《兵法概论》，军事科学出版社，1994。

19. 安德烈·博福尔：《战略入门》，军事科学院外国军事研究部译，军事科学出版社，1989。

20. 蔡锷辑录：《曾胡治兵语录（增补本）》，广西师范大学出版社，2012。

21. 弗里德里希·威廉·尼采：《查拉图斯特拉如是说》，上海三联书店，2020。

22. 军事科学院《刘伯承军事文选》编辑组：《刘伯承军事文选》，军事科学出版社，2012。

23. 克劳塞维茨：《战争论（全三册）》，中国人民解放军军事科学院译，商务印书馆，1978。

24. 李义奇：《论语浅说》，党建读物出版社，2024。

25. 李泽厚：《中国思想史论》，安徽文艺出版社，1999。

26. 利德尔·哈特:《战略论》,战士出版社,1981。

27. 毛泽东:《论持久战》,人民出版社,1975。

28. 彭向前:《西夏文〈孙子兵法〉三注研究》,社会科学文献出版社,2023。

29. 饶宗颐:《文辙:文学史论集》,台北学湾书局,1991。

30. 粟裕军事文集编辑组:《粟裕军事文集》,解放军出版社,1989。

31. 杨伯峻译注:《孟子译注》,中华书局,2008。

32. 俞大猷:《正气堂集》,厦门博物馆1991年影印版。

图书在版编目(CIP)数据

以利为本:孙子兵法与制胜之道/李义奇译著.
北京:社会科学文献出版社,2025.5.--ISBN 978-7
-5228-5142-6

Ⅰ.E892.25
中国国家版本馆CIP数据核字第2025U0X481号

以利为本：孙子兵法与制胜之道

译　　著 / 李义奇

出 版 人 / 冀祥德
组稿编辑 / 恽　薇
责任编辑 / 孔庆梅
责任印制 / 岳　阳

出　　版 / 社会科学文献出版社·经济与管理分社（010）59367226
　　　　　　地址：北京市北三环中路甲29号院华龙大厦　邮编：100029
　　　　　　网址：www.ssap.com.cn
发　　行 / 社会科学文献出版社（010）59367028
印　　装 / 三河市东方印刷有限公司

规　　格 / 开　本：889mm×1194mm　1/32
　　　　　　印　张：9.875　字　数：163千字
版　　次 / 2025年5月第1版　2025年5月第1次印刷
书　　号 / ISBN 978-7-5228-5142-6
定　　价 / 79.00元

读者服务电话：4008918866

版权所有 翻印必究